红色摇篮 绿色家园

江西风景独好

编委会名单

红色摇篮 绿色家园

江西风景独好

游遍江西

宜春

月亮之都

主编 王晓峰

江西人民出版社
Jiangxi People's Publishing House
全国百佳出版社

总 序

朱 虹

旅游，是一个古老的话题，

旅游，也是一个现代的话题，

旅游，更是一个常说常新的话题。

在中国古代，《五经》中的《周易》就有“旅”“观”二卦，卦辞对“旅行”和“观光”进行了表述。先秦文献《穆天子传》中，也有周穆王驾八骏巡游的生动记载。就江西而言，历代文人墨客留下的旅游佳作举不胜举。以世界级名山庐山为例，《史记》中就有夏禹、秦皇、汉武、司马迁浮长江登庐山的记载，陶渊明、李白、孟浩然、白居易、苏东坡、王阳明等许多大诗人也都有题咏，明代旅行家徐霞客则有生动的游记。

旅游作为一门学科，作为一种行业，则是近现代才兴起的新的学科和行业。江西学者伍飞先生对全球旅游进行了探索性的研究，并就此访问了60位外国驻华大使，撰写了被誉为旅游界“圣经”的《旅游整合世界》，其观点为世界许多政要、东西方学者和国际旅游从业者们所认可。诚如伍先生所言：“旅游整合世界，共享人类文明。”蓝色的地球，五大洲、四大洋，寒温热三带，有说不尽道不完的自然的和人文的旅游景

观。从遥远的上古到21世纪的今天，人类文明的步履行进了几十万年，踏遍了全球。现今，人类还在向地球外的宇宙，进行不断地探索，遨游太空也已成为现实。因为大自然的神工鬼斧与人类无尽的创造力，自然的与人文的遗产遍布寰球。对于旅游业来说，毋庸置疑，这一切都是可以利用的巨大的资源。人类有着不同的肤色、不同的民族、不同的语言文字、不同的宗族信仰、不同的风俗民情，但是，就旅游的概念而言，这一切都可以打破，这一切也都正在被打破，地球村的村民们共享着大自然的馈赠和人类自身所创造的文明。旅游，既是人类享受生命的一种特别方式，也是人类社会不断和谐发展的巨大的推动力。

江西，地处长江中下游的南岸，古称“吴头楚尾，粤户闽庭”。这片自然造化所眷顾的赣鄱大地，这片先民们生息繁衍、开发了几万年的赣鄱大地，旅游景观之丰富为世人所瞩目。

江西风景独好。市市有好山好水、县县有旅游景点，旅游资源种类多、品位高、潜力大。拥有国家旅游资源标准分类八大类155种基本景观中的153种，有世界遗产地5处，世界地质公园4处，5A级以上旅游景区6处，国家级风景名胜区14处，综合评价位居全国前列。红色旅游资源、绿色山水资源、古色历史文化资源交相辉映，最具代表的“3461”景区，即四大名山（庐山、井冈山、三清山、龙虎山）、四大摇篮（“中国革命的摇篮”井冈山、“人民军队的摇篮”南昌、“人民共和国摇篮”瑞金、“中国工人运动的摇篮”安源）、四个千年（“千年瓷都”景德镇、“千年名楼”滕王阁、“千年书院”白鹿洞、“千年古刹”东林寺）以及一湖（中国最大的淡水湖鄱阳湖）、一村（中国最美的乡村婺源）、一海（庐山西海）、一峰（龟峰）、一道（“小平小道”）、一城（共青城）等闻名于世。这些丰富的资源，不仅仅是江西的，也是中国的，更是为世界所共享的巨大财富。

为了更广泛深入地推介江西的旅游产品，进一步提高江西旅游形象品牌在海内外的影响力和知名度，不断拓展江西的客源市场，更好地为游客服务，自2013年5月中旬开始，江西省旅游协会与江西人民出版社联手，精心策划、组稿、审阅，编辑出版了这部“游遍江西旅游系列丛书”。这部丛书共分11册，每册约9万字，是一套系统的全方位的介绍江西各地旅游文化资源的精品图书，既有权威性，又具较强的可读性，也是一套供自驾游和自助游爱好者参考的旅游指南，图文并茂，简明实用。这项重要的旅游文化出版工程，可用“精、全、细”三字来概括。精，即不仅图书是精品，介绍的旅游资源也多为精品；全，即一套在手，江西的旅游资源基本上尽收眼底；细，即一册在手基本的旅游信息里面都有，体贴细致。江西的旅游资源、文化遗产，正在为天下人所共享，而这套丛书的问世，其作用与意义将不言而喻。

江西是个好地方，道不尽自然的壮丽和秀美；江西是个好地方，说不完人文的深厚与绵长！这里是神奇江西——物华天宝，人杰地灵；这里是美丽江西——青山绿水，如画如诗！

是为序。

（朱虹　江西省人民政府副省长）

目录

第一章 追寻宜春——佳丽古郡

第二章 精彩宜春——美不胜收

第三章　行在宜春——便捷称心

第四章　游在宜春——开心之旅

第五章　吃在宜春——大快朵颐

第六章　住在宜春——宾至如归

第七章　购在宜春——价廉物美

第八章　娱在宜春——乐不可支

【附录】

宜春，自古便是“江右佳丽之地，文物昌盛之邦”，因古时宜春城西四里有清泉，“方广数十丈”，“泉凡数十脉”，泉水因“夏冷冬暖，莹媚如春，饮之宜人”而得名。现辖上高、万载、宜丰、铜鼓、奉新、靖安、袁州 6 个县 1 个区，代管樟树、丰城、高安 3 个市，总面积为 1.87 万平方千米，总人口达 550 万人。

CHAPTER 1

追寻宜春

——佳丽古郡

宜春旅游经过十几年的开发，尤其是经过2006—2007年“中国优秀旅游城市”的成功创建，旅游资源得到有效开发，旅游要素日趋完善，旅游事业欣欣向荣，四海游客纷至沓来。人们徜徉在宜春的青山绿水之间，享受着月亮文化的温馨，领悟着禅宗文化的精深，品味着温泉文化的甘甜，无不触摸到宜春厚重的历史积淀，发出宜春真乃“佳丽古郡”的赞叹。

一 悠悠历史五千载

宜春，历史悠久。经考古证明，在距今大约4600年至5000年前，宜春这块土地就已经存在较高的文明形式。宜春樟树市东南9千米的大桥乡洪光塘村东南一座总面积约为15万平方米的大型土城——筑卫城，就是新石器时代晚期的遗址。据考古学家评断，这是目前世界上保存最完整的早期文明时期大型土城之一。而在该市发现的大约现身于3000多年前的吴城遗址，则推翻了“商文化不过长江”的论断。

宜春有据可查的文明史有 5000 年，而设治管辖则是始于汉高祖六年（201 年），堂邑侯陈婴在宜春筑城。西汉时宜春一度是长沙王的封地，定王的儿子刘成为宜春侯，立宜春侯国，其后建制多有变更。隋朝初年废郡制，设州、县二级制，以州统县；隋开皇十一年（591 年），宜春设州，名袁州。隋大业三年（607 年），袁州改为宜春郡；唐时州郡更替；元、明、清时先后改称袁州路、袁州府；民国以后改为庐陵道、江西第二行政区；新中国成立后先后改称袁州专区、宜春专区、宜春地区和宜春市。

作为州级政权，袁州、宜春交替更名；作为县级政权的宜春县（今宜春市）的名字就更是如此。西汉初建县时称宜春；公元 9 年，王莽建立新朝，改宜春为修晓；到东汉建武元年（25 年），又恢复宜春旧名；公元 280 年，因避晋武帝之祖母张春华名讳，又将宜春改为宜阳；直到公元 556 年（一说是 598 年）

又改宜阳为宜春；2000 年撤地设市，宜春县（今宜春市）改设袁州区。

清朝晚期，袁州府辖宜春县（今宜春市）、万载县、萍乡县（今萍乡市除莲花县外的地区）和分宜县。1942 年至 1949 年，宜春作为江西第二行政区，辖宜春、万载、上高、宜丰、铜鼓 5 个县。新中国成立后，设袁州专区，辖 8 个县，即在原 5 个县的基础上增加分宜、新余、萍乡 3 个县；1952 年袁州专区与南昌专区合并，称南昌专区，辖 17 个县；1958 年冬，南昌专区更名为宜春专区，辖区不变；1967 年至 1983 年，先后有南昌县、新建县、进贤县、萍乡市、新余县（今新余市）、分宜县、安义县划出。至此，宜春地区（市）的辖区才最后确定下来，并延续至今。

二 山明水秀佳丽地

宜春，位于江西省西北部，地处东经113° 54′ —116° 27′ 、北纬27° 33′ —29° 06′ 之间，东与南昌、抚州接壤，南与吉安、新余为邻，西与湖南、萍乡相连，北与九江交界。境北九岭山脉自东北向西南斜卧，多海拔千米以上山峰；位于靖安县的九老岭海拔为1794.30米，为宜春市的最高峰。西南武功山脉耸峙，其深入宜春境内的明月山（位于中心城区南缘）主峰太平山，海拔为1735.6米。全市地形地貌复杂多样，整个地形为西、北、西南高，东部和东南低，如在高空鸟瞰，其地形宛如簸箕。

宜春属亚热带，气候温和，雨量充沛，阳光充足，四季分明。素有“山明水秀，土沃泉甘，其气如春，四时咸宜”之称。年平均日气温为17.3摄氏度，最热的7月日平均气温为28.8

摄氏度，最冷的月份平均气温为5摄氏度。年平均降雨量为1720毫米。

宜春自然资源丰富。宜春是全国第一批生态试点城市之一，全市森林覆盖率为52.78%，是江西重点林区和全国重点毛竹产区。全市有21个A级景区，1个国家级风景名胜区、2个国家自然保护区、4个国家森林公园、4个国家水利风景区和8个国家重点文物保护单位。三爪仑国家森林公园被誉为“人间仙境”；明月山国家级风景名胜区“不是黄山、胜似黄山”，生长着世界上仅存的珍稀树种华木莲；明月山温汤镇的温泉，富含硒等20种矿物质，常年水温在68—72摄氏度，是养生、休闲、康疗、度假胜地。10个县市区的大气质量都达到国家标准。境内有历史文化遗址486处、名山名胜54处，驰名景点有国家重点保护的唐代六大名窑之一的“洪州窑”、商代吴城遗址，以及世界上已知现存最早的地方天文观测台袁州谯楼，东汉葛玄采药炼丹之处、江南三大道教名山之一的阁皂山。市域内有三大山系。北部九岭山脉，奇峰峭壁，巍峨高峻，东北至西南走向，绵延数百里，是宜春北部的天然屏障；西南至东北走向的武功山脉，盘亘进入宜春；丰顶山—蒙山山脉，是位于九岭山脉和武功山脉之间的宜春境内的第三大山系。

奇山育秀水，宜春不仅境内7条主要河流全部达到饮用水标准，而且清泉遍地，高山泉眼难以胜数。有自涌泉、接触泉、山泉、矿泉等等。矿泉中又分温泉和冷泉。据府、县志不完全统计，原宜春县城，方圆不过2平方千米，就有古泉22处。城区的许多地名都与泉、井有关，堪称“江南古泉城”。宜春的矿泉储量也极丰富，宜春境内比较著名的有明月山风景区的温汤温泉、奉新县的九仙温泉、铜鼓县的温泉镇温泉和靖安县的东源温泉等。此外，也有水温仅10余摄氏度的冷矿泉。

三 江山代有人才出

宜春，自古以来人文荟萃、英才辈出。唐代文豪王勃《滕王阁序》中的“物华天宝”“人杰地灵”，以及其所赞颂的人、物、事很多典出宜春。在浩瀚的历史的星空中，宜春颇多闪光耀眼之处，譬如：

徐稚（97—168年），字孺子，东汉丰城市白土隐溪村人。自幼聪慧，见识深远，并崇尚“恭俭义让，淡泊明志”，时称“南州高士”和“布衣学者”，被人们千秋传颂为“人杰地灵之典范”。他在丰城智度寺长期隐居。相传豫章太守陈蕃，极为敬佩徐孺子的才学，每每与他彻夜畅谈，并特为其专设一榻，去则悬之。于是，王勃在《滕王阁序》中便有“人杰地灵，徐孺下陈蕃之榻”的不朽名句。徐稚死后，葬于南昌市进贤门外。如今南昌市内建有孺子路、孺子公园、孺子亭。徐孺子的家乡隐溪及隐溪村就是因他在此隐居不仕而得名。

徐稚像

陶渊明（365—427年），字元亮，别号“五柳先生”，晚年更名“潜”，世称“靖节先生”。始家宜丰，东晋末期南宋初期诗人、文学家、辞赋家、散文家。其曾祖父陶侃是东晋大司马、刺史，祖父陶茂、父亲陶逸也是太守。陶渊明少年时怀有“猛志逸四

陶渊明像

海，骞翮思远翥”之大志，曾做过几年小官，后辞官回家，从此隐居。田园生活是陶渊明诗的主要题材。他是我国第一位田园诗人，被称为“千古隐逸之宗”。其主要作品有《饮酒》《归园田居》《桃花源记》《五柳先生传》《归去来兮辞》等。宜丰县是陶渊明故里，在宜丰的澄塘镇秀溪村，当地“东篱下”和“南山”这两个地名至今未变。宜丰县还有众多其他遗迹。

郑谷像

郑谷（851—910年），字守愚，袁州区人。唐末诗人。幼聪颖，自骑竹之年即会赋诗。光启年间考中进士，后任京兆参军、右拾遗，又转任都官郎中，人称“郑都官”。郑谷与薛能、李频唱和，又与张乔、许棠等交游，世称“咸通十哲”。后与诗僧齐己唱和，齐己称他为“一字师”。他又因《鹧鸪诗》闻名，人称“郑鹧鸪”。天祐元年（904年），郑谷弃官归隐宜春化城岩，后又入仰山隐居，筑读书堂于今明月山风景区内洪江乡东南村。

韩愈像

韩愈（768—824 年），字退之，河阳（今河南孟州）人。唐朝文学家、思想家、政治家，居“唐宋八大家”之首。元和十四年（819 年），他因上表谏迎佛骨而触怒宪宗，被贬为潮州刺史，8 个月后转任袁州刺史，不久宦官杀宪宗，立穆宗，韩愈被召回朝。韩愈在宜春任刺史期间，勤政为民，倡导学风，为宜春日后的科举大名于天下打下了基础。他还废除了富户抢男霸女的恶习，解放奴婢 731 人，被老百姓所称赞。他曾前往明月山、仰山，拜神求雨，写下了《祈雨告仰山神》祭文。元和初年（806年），韩愈送好友王涯任袁州刺史，写诗《祖席得秋字送王涯刺袁州》云：“淮南悲落木，而我亦伤秋。况与故人别，那堪羁宦愁。荣华今异路，风雨昔同忧。莫以宜春远，江山多胜游。”宜春市区现有昌黎路、昌黎阁、昌黎大桥等，均为纪念韩愈而设。

慧寂（815—891年），俗姓叶，世称“仰山慧寂”，自号“仰山小释迦”，广东韶州怀化人。他9岁时，瞒着父母投奔广州和安寺，跟从不语通禅师出家。后又拜入沩山灵祐禅师座下，遂升堂奥。承其师灵佑而集大成，于宜春明月山的仰山道场宣扬宗风。仰山慧寂禅师是中国佛教禅宗“五家七宗”中沩仰宗的创始人之一，因其常以手势启悟学人，故被称为仰山门风。

慧寂像

夏皇后（1136—1167年），即夏云姑，谱名桂英，是南宋孝宗皇帝的正宫娘娘，最初封为安恭皇后，后加封为成恭皇后。宜春明月山风景区夏家坊人。夏云姑少女时期，由于姿容端丽，被官府选中，送往京城临安（今杭州）宫廷，侍奉宋高宗皇后。初进宫时，云姑被皇太后看中，选作贴身侍女。绍兴二十六年（1156年），普安郡王赵眘的王妃病故，皇太后便将侍女夏云姑赐给赵眘续弦。高宗无子，立赵眘为储，并在绍兴三十二年（1162年）传位于赵眘，自称太上皇。赵眘即孝宗，夏云姑晋升为贤妃。隆兴元年（1163年），她又被册立为皇后。皇帝非常宠爱云姑，

专门为她在宜春城中鼓楼旁立了牌坊。下旨规定，“文官经过须下轿，武官经过须下马”。夏娘娘体恤臣民，觉得这礼节太烦琐，便下令把牌坊移到她家乡——夏家里。夏家里因此改名为夏家坊。

宋应星像

宋应星（1587—1661 年），明末科学家，字长庚，奉新县宋埠乡人。明万历四十三年（1615 年）举于乡。崇祯七年（1634 年）任江西分宜教谕，崇祯十一年（1638 年）为福建汀州推官，崇祯十四年（1641 年）为安徽亳州知州。宋应星博学多能，注重实际，尊重实践。他在认真调查研究当时的农业和手工业生产的基础上，写出了《天工开物》一书，详细介绍了五谷的种植、收割和加工；盐、糖、油、酒、农具、珠玉、颜料、兵器、车船的制作；砖瓦、瓷器、纸张的生产；冶炼、锻铸、纺织印染的技术；石灰石、矾石、硫黄和煤炭的开采和利用。《天工开物》几乎包括了我国当时农业和手工业方面的全部生产技术和实践经验，对中国乃至世界科学技术的进步均具有重大的意义。1771 年，日本大阪一家出版社出版了《天工开物》，从此全世界出现了翻译出版该书的热潮。在此后的 200 多年间，《天工开物》先后被译成日、法、英、德、意、俄等多种文字，受到高度赞誉。著名生物学家达尔文称《天工开物》为“权威著作”。英国科技史专家李约瑟在他的《中国科学技术史》巨著中，大量引用了该书资料，并称宋应星是“中国的狄德罗”（狄德罗，法国18世纪著名的唯物主义启蒙思想家、科学家，第一部法国《百科全书》的主编）。今天，游客游览明月山风景区的天工开物园，可以在展示馆近距离了解书中记载的各种技术知识，在体验馆体验各种技术流程，真正感知《天工开物》一书的博大精深。

自古以来，宜春教育昌盛，培养了诸多杰出人才。在唐代，江西历史上前两名状元都是宜春人（第一位是卢肇，第二位是易重），唐朝前后289年间，江西共有65人中进士，其中宜春就有36人，占了江西总数的一半以上，故历史上有“袁州进士半江西”的美誉，其文风之盛，实属天下罕见。唐朝之后，宜春还出了3位状元，即宋朝的姚勉（宜丰人）、明朝的朱善（丰城人）和清朝的刘子壮（樟树人）。此外，还出了2名榜眼、4名探花。除此以外，宜春还有晋代文学家谢灵运（被后人赞为中国山水诗鼻祖），唐代诗人刘慎虚、郑谷，宋代史学家刘恕，元代学者杜本、诗人揭傒斯、范德机，明代史学家陈邦瞻、抗倭名将邓子龙，明代清官况钟以及名臣辛从益、杨锡绂等杰出人才。近现代名人有革命家熊雄、民主斗士杨杏佛、戏剧家熊佛西、物理学家吴有训、学者与革命家夏征农以及清臣“辫帅”张勋等。

谢灵运像

杨杏佛像

宜春，拥有“中国优秀旅游城市”“中国旅游竞争力百强城市”“月亮之都”“禅宗圣地”“温泉之乡”等美誉，是镶嵌在赣西大地上的一颗璀璨明珠，是各方游客倾心向往的旅游胜地。

宜春，其深厚的旅游文化，有如陈年老酒，柔和绵长，品味后令人心旷神怡，回味无穷；宜春，有秀美的旅游景区，似人间仙境，如诗

CHAPTER 2

精彩宜春

——美不胜收

如画，游览后叫人赏心悦目，流连忘返；宜春，风俗人情敦厚淳朴，千差万别，让人陶冶情操，受益匪浅；宜春，方言俚语生动幽默，妙趣横生，使人忍俊不禁，捧腹开怀。凡是来过宜春的游客，无不饱了眼福，益了心智，开了情怀，消了疲劳，“莫以宜春远，江山多胜游”，众多游客不由得与居“唐宋八大家”之首的韩愈产生了强烈的共鸣。

一 厚重的旅游文化

宜春不仅旅游文化资源丰富，而且历史悠久、积淀厚重、特色浓郁。宜春，山清水秀，绿色文化绿意盎然；宜春，是秋收起义的策源地，红色文化光彩照人；宜春，古村古迹众多，古色文化古韵犹存，这些都属于宜春旅游文化的精彩之处，但真正堪称宜春旅游文化经典的，应是最具地域特色、最有传奇色彩，而且打着深深宜春烙印的月亮文化、禅宗文化与温泉文化。在这里，月亮文化温馨浪漫、脍炙人口；禅宗文化源远流长，深入人心；温泉文化特色鲜明、天人合一。这些旅游文化让人们津津乐道、口口相传；这些旅游文化，像一部部经典巨著，引人入胜，奥妙无穷，让人百读不厌，常读常新。人们品读这些厚重而鲜活的旅游文化，犹如品尝一桌丰盛而精美的大餐，美味可口，让人大快朵颐，怡情悦性，酣畅淋漓。

（一）月亮文化

月亮文化是宜春旅游文化之灵魂。

月亮，是个圣洁的星球，她温柔如水，淡定如山，“不以物喜，不以己悲”，亏也洁白，盈也洁白，始终“一片冰心在玉壶”，是千百年来文人墨客激情讴歌的对象。

宜春，是闻名遐迩的月亮之都。明月处处有，宜春月最明，月亮之都并非浪得虚名。何以见得？山可作证，人可作证，节可作证。

1. 山以月名 >>>

宜春城南六十里有座大山，是武夷山脉的骄子。她有个响亮的名字——明月山！其主峰太平山海拔达1735.6米。

一座大山何以月亮命名？并非宜春人对月亮情有独钟，实乃她与月亮有着太多的渊源。

其一，亮如明月。据明《武功山志》载：明月山“山上石多，如月圆满，光照数里”。寥寥十二个字，给人们勾勒出一幅优美的图画：晚上，月朗星稀，天上的明月照在明月山众多的石头上，反射出耀眼的银光，站在数里之外的地方遥遥眺望，犹如许许多多的圆月在明月山竞相比美，充满了恬静、柔美。无怪乎唐代诗僧齐己夜游明月山后，感慨万千，诗兴大发，写下“山称明月好，月照遍山明。欲上诸峰去，无妨夜半行”的诗句。此诗不妨看作“宜春月最明”的注脚。

其二，形似明月。明月山的五座山峰，呈中高侧低形状并立，构成一道半圆形弧线，远看犹如半轮明月。

其三，事关明月。嫦娥奔月是个妇孺皆知的精美传说，无人不知，无人不晓。但是，绝大多数人对这个神话传说只知其一，不知其二。只谓嫦娥在山东日照升天，却不知道嫦娥也在明月山升天。其实，明月山也是正宗的嫦娥升天圣地。嫦娥从日照升天后，途径明月山，看见明月山一只玉兔和一只蟾蜍坐在山头，遥望着天上的明月，张合着小嘴，好像在向月亮倾诉着什么。嫦娥觉得这对玉兔和蟾蜍十分可爱，便落下云头，来到明月山，抱走玉兔和蟾蜍，直奔月宫。所以，后来玉兔、蟾蜍也都成了月亮的代名词。在满月之时，人们不仅能在月亮里看见吴刚伐桂，

还能看见桂树下活泼可爱的玉兔和憨厚深沉的蟾蜍。

2. 人以月名 >>>

南宋有个夏皇后，据说为岳飞的平反冤案做过贡献，很受人们称道。她就是夏云姑，明月山脚下的夏家里人。夏云姑16岁那年，某大臣来到宜春选美，经过夏家桥（现叫跪马桥）时，马突然跪在桥上不起来。大臣纳闷，自言自语道："莫非这里有皇娘？"话音刚落，马站了起来，仰天长嘶三声。这时，大臣发现河边有一姑娘，问她叫什么名字，姑娘答道："我的名字有时落山腰，有时挂树梢，有时像圆镜，有时如镰刀。"姑娘就是夏云姑，小名明月。大臣见夏云姑貌美俏丽，机智伶俐，便选入宫。赵昚登基称帝后，夏云姑被封为成恭皇后。

为了纪念明月皇后，于是就称夏家里后面的山为明月山。

3. 节以月名 >>>

宜春厚重的月亮文化底蕴，经过适度的旅游开发，找到了一个恰当的宣传载体，那就是世人皆知、一年一度的"中国宜春·明月山月亮文化节"。

2007年9月20日（农历八月初十）至26日（农历八月十六），宜春举办了首届"中国宜春·明月山月亮文化节"，主题是"团圆、和谐、发展"，活动内容共有16项。

此后，每年举办一次月亮文化节，主要时间段在中秋节前一个星期至中秋节结束。活动内容略有不同，但是，"中秋拜月""火龙追月""焰火晚会"是基本保留项目。活动内容精彩纷呈，尤其是"中秋拜月""火龙追月""焰火晚会"等节目场面恢宏，气势磅礴，撼人心魄。其时，各地游客云集宜春，观月、思月、忆月、梦月、追月、祭月……如醉如痴，乐不思家。那庄重、

肃穆的古老拜月仪式，狂欢、激越的火龙追月场面，繁星点点的孔明灯，绚丽多彩的火树银花，精辟优美的赞月诗篇，高昂雄浑的颂月乐章，淋漓尽致地表现了人们对月亮的赞美与崇拜，将月亮文化阐发到了极致。人们在经过一系列堪称叹为观止的赏月活动之后，无不由衷地赞道："明月天下有，宜春月最明。"嫦娥工程的首席科学家欧阳自远先生于2008年参加宜春月亮文化节时，感慨万千，写下了脍炙人口的篇章《愿携嫦娥故里行》。

随着月亮文化节影响的日益扩大，2009年10月3日（中秋节），中央电视台在宜春举办"宜春月·中华情"中秋文艺晚会。晚会盛况通过中央电视台一套、四套、九套向全球并机直播，受到海内外各界人士的一致好评。效果之好，影响之大，意义之深，史无前例。

（二）禅宗文化

禅宗文化是宜春旅游文化之精髓。

宜春，在中国佛教史上占有突出的地位。中国佛教协会原会长释一诚大师称赞"宜春，是禅宗圣地"。

禅宗五大宗派中，临济宗萌芽于宜丰黄檗，曹洞宗扬穗于宜丰洞山，沩仰宗结果于袁州仰山。中国佛教"禅林清规"源于奉新百丈寺，马祖兴丛林源于靖安宝峰禅寺。禅宗胜迹遍布全市。马祖道一、百丈怀海、黄檗希运、仰山慧寂、洞山良价等高僧荟萃。北宋诗人黄庭坚有诗云："我行高安过萍乡，七十二渡绕羊肠。水边林下逢纳子，东西南北古道场。"他一路所见尽是和尚、寺庙，可见佛教之盛。

1. 禅宗祖庭 >>>

宜春的禅宗历史悠久。熟悉禅宗历史的朋友大概都知道，南禅五宗有三宗的祖庭在宜春，分别是临济宗祖庭、曹洞宗祖庭、沩仰宗祖庭。可见，宜春不负“禅宗祖庭”的称誉。

（1）临济宗祖庭

临济宗由希运大师创立于黄檗寺，乃中国佛教之大宗。到了宋朝以后，禅门五宗基本上只剩下临济宗和曹洞宗，但临济宗流行更广，称为“临天下，曹一角”。

黄檗寺位于宜丰县西北部54千米黄岗乡西北的黄檗山自然村。黄檗山原名鹫峰，曾有天竺僧人在此修行，仿天竺国山名而名之。唐开成年间（836—840年），高僧希运（？—857年）驻锡鹫峰后，改鹫峰为黄檗山，旧有佛寺易名黄檗寺。

希运少时在家乡福建省福清县（今福清市）随师出家。之后，参谒名师，得奉新百丈寺怀海禅师（720—814年）真传。希运在黄檗开山讲法，一时四方僧侣之问法者甚众。僧徒义玄（？—867年）从希运学法3年，之后往镇州（河北正定）滹沱河畔建临济院，广为弘扬希运所倡启的禅宗新法。此禅宗新法因义玄在临济院举一家宗风而大张天下，后世遂称之为“临济宗”，黄檗禅寺因而成为临济宗祖庭。

宋绍兴九年（1139年），黄檗寺更名为“报恩光孝寺”。明代中期，寺宇毁圯。明崇祯年间，名僧一庵月由杭州到黄檗任住持，修整禅寺，重振宗风，使黄檗之名又大行天下，一庵月由是被誉为黄檗“中兴祖师”。清光绪庚子年（1900年），黄檗寺毁于火，仅存旁殿数楹而已。

2004年2月，经江西省人民政府批准，恢复黄檗寺。现在，黄檗寺已修葺一新。

临济宗不仅在中国影响巨大，而且在国外也有很大的影响。现日本有临济宗信徒500多万人。

（2）曹洞宗祖庭

曹洞宗由高僧良价在宜丰洞山始创，后其弟子本寂迁吉水曹山阐发良价旨义，共同创立曹洞宗。

洞山，又名新丰洞，位于宜丰县城东北方向21千米的同安乡。唐大中十三年（859年），良价云游到洞山，在此募同安乡民雷衡山地建寺，始称“广福寺”。雷衡还将环山肥田3000亩赠作寺产。唐末，淮南节度使杨行密（后为天王）驻军宜丰㭎南屏王钟传时，捐资扩建洞山寺宇。北宋咸平年间（998—1003年），广福寺易名为“功德禅寺”，宋真宗赵恒为禅寺书写了匾额。宋绍圣五年（1098年），同安女佛徒（张仲舒之妻）雷四十三娘及其子张裕禧为纪念良价洞山悟道，在良价当年“睹影逢渠”的洞水之上建起一座单拱石桥——逢渠桥。元初，县人胡俊孚施资扩建寺宇。元末，洞山寺宇毁于兵燹。明万历年间（1573—1620年），寺基被官方丈量入公产版籍。明崇祯年间（1628—1644年），宜丰县举人戴国士得洞山产权，再倡修复，延请匡山高僧净聪到洞山。洞山法锡由是复振，净聪也因之誉为洞山“中兴第一祖”。清康熙十一年（1672年），洞山寺宇更名为“普利寺”，重建后法堂（藏经阁）及僧房。清嘉庆二十三年（1818年），洞山正宗三十八世住持海寿在后法堂门楣正中立起大匾，上书“佛在性中”，对良价的禅学思想做了高度概括。

良价（807—869年），俗姓俞，浙江诸暨人，8岁出家，54岁在洞山建广福寺，创“五位君臣、偏正回互”禅法。良价逝于洞山，唐懿宗皇帝赐其“悟本禅师”谥号。

良价弟子本寂俗姓黄，福建莆田人。

曹洞宗虽然称为“曹一角”，但也绵绵不断，世代相传。到了明代，传至日本。现日本、韩国共有曹洞宗寺庙1.6万多个，僧信1000万余人。1990年11月3日，以日本曹洞宗秀林寺计良静信住持为团长的秀林寺、龙云寺等4个寺院的僧侣到普利寺参拜祖庭。

洞山人文出典也是一大特色，“满城风雨”“泥牛入海”“笑里藏刀”“抛砖引玉”等30多条成语均从洞山禅师的机锋妙语中演化而来。

（3）沩仰宗祖庭

沩仰宗由唐代高僧灵祐和其弟子慧寂共同创立。

灵祐俗姓赵，福州长溪（今霞浦）人。初拜百丈寺怀海为师，后到湖南大沩山开辟道场。唐武宗灭佛时，成为农夫；唐宣宗恢复佛教后，重做僧人。慧寂俗姓叶，韶州怀化（今广东怀集）人。他从师灵祐后，于唐会昌元年（841年），隐居袁州仰山。宣宗大中年间（847—859年），慧寂在仰山聚众说法，道风大炽，学人日众，因建禅寺。约在大中十三年（859年），江西观察使韦宙奏赐慧寂仰山道场名“栖隐寺”。

“栖隐寺”位于宜春城南20余千米的仰山集云峰下（今袁州区洪江乡东南村殿上村）。

宋初，仰山栖隐寺奉敕改名“太平兴国寺”（寺名沿用至清）。宋、元之际，高僧大德相继驻锡。元大德七年（1303年）毁于火灾，皇庆元年（1312年）重建落成，规模更大。仁宗赐额“大仰山太平兴国禅寺”，命陈钜夫撰《大仰山重建太平兴国禅寺碑》文，赵孟頫执笔书丹，勒石立碑于寺内。

明、清以降，太平兴国寺屡经废兴，规模渐至衰败。清道光十一年（1831年），最后一次重建，额曰“兴国古寺”。

早在唐代，栖隐禅寺不仅是禅宗大道场，而且是全国著名的诗书文明之渊。公元 885 年前后，著名诗人郑谷和诗僧齐己同时在该寺隐居，演绎了一个“一字师”的千古佳话。一天，齐己写了一首《早梅》的诗向郑谷请教。诗曰：“万木冻欲折，孤根暖独回。前村深雪里，昨夜数枝开。风递幽香出，禽窥素艳来。明年如应律，先发望春台。”齐己觉得“前村深雪里，昨夜数枝开”不错，郑谷却说，既然要突出早，“数”就不如改为“一”。齐己一听，连忙倒身下拜，说：“您真是我的‘一字师’啊！”

20世纪90年代起，先后有数批日本、朝鲜的僧人来此寻宗问祖。

2. 马祖兴丛林 >>>

丛林，也叫“禅林”，指佛教僧众聚居的寺院。宜春禅林，由马祖道一创立。

马祖道一是四川什邡人，俗姓马，祖是尊号，道一是法号。马祖是禅宗六祖暨南禅宗创始人慧能大师的弟子南岳怀让的嗣法弟子，是南禅宗的第三代高僧。据说他长得舌伸过鼻，牛行虎视，脚下两个轮纹，相貌奇伟异常。

马祖道一之前，禅宗还一直没有自己独立的寺院和修习体系，而是住在律宗的寺庙里。马祖主张开辟丛林。其弟子水潦和尚遵照他的主张，于公元749年来到靖安县城北25千米处的泐潭之滨建寺，取名泐潭寺。

唐贞元元年（785 年），马祖道一曾多次率徒来泐潭寺弘法，大力弘扬“即心即佛”“平常心是道”的法理。马祖道一见泐潭寺所处的地理位置相当好，风景秀丽，叮嘱弟子水潦将来等马祖道一圆寂之后，将其归真于此。同时，觉得寺名太俗气，建议改为“法林寺”。水潦遵照师嘱，将泐潭寺改为法林寺，寓意为“禅宗丛林”。这就是中国禅宗丛林的肇始。

唐贞元四年（788年），马祖道一圆寂，其弟子依其临终嘱咐，将其埋骨于此。唐贞元七年（791年），左仆射权德舆奉德宗旨前来为马祖建舍利塔。唐大中四年（850年），宣宗敕重建马祖塔并寺，赐额“宝峰”，故后改名宝峰寺。马祖塔是寺内珍贵文物，在“文化大革命”期间，寺和塔均受到破坏，塔被毁，亭尚存。1992年秋，前佛教协会会长释一诚大师重建宝峰寺和马祖塔，并兼任该寺主持。

3. 百丈立清规 >>>

人们常说“清规戒律”，可是，“清规”从何而来，恐怕知之者甚少。“清规”来源于奉新百丈寺，是怀海禅师在百丈寺当住持时所立。所以，在佛教界有“百丈立清规”之说。

怀海禅师俗姓王，福州长乐人，师从马祖道一。马祖道一去世后，他在法林寺守墓3年，后来到新吴（今奉新）百丈山，见此层峦叠嶂，古木参天，流水潺潺，是个悟禅绝佳之地，便定居下来。

百丈寺位于奉新县西北部西塔乡境内的大雄峰下，距县城70千米。唐大历年间（766—779年），邑人甘贞兴建，取名“乡导庵”。唐德宗年间(780—805年),甘贞延请怀海禅师至此住持，遂改名“百丈寺”。该寺背靠海拔为1300余米的百丈山，占地1000多平方米，原有七进殿堂，掩映在苍松翠柏之中。

怀海禅师发展了马祖道一的禅林宗风，创立了自力更生、自给自足、清净修持、不扰公门的禅林制度，撰修了“诏天下僧悉依此而行”的禅门宗规。这就是中国佛教界一体遵从、流传百世的“百丈清规”，又名“天下清规”。他还倡导“一日不作，一日不食”农禅并重的理念，让出家人身体力行，解决自己的衣食问题。

寺左侧山上唐朝著名书法家柳公权亲书的“天下清规”石刻至今清晰可见。因此，怀海是继马祖道一后开发宜春禅林功绩最为卓著的高僧大德。

怀海禅师不仅立了清规，而且还做了一件大事，认出并收留了唐朝宗室光王李忱在百丈寺做沙弥，后来李忱做了皇帝，即唐宣宗。唐大中元年（847年）唐宣宗给百丈寺敕赐“大智寿圣禅寺”匾额，故百丈寺又被称为“大寺”。

怀海对佛教界的另一贡献就是培养了传人。中国佛教禅宗发展到极盛时出现了“一花五叶”的气象，一花即佛教禅宗，五叶即沩仰、临济、曹洞、云门、法眼五大禅宗宗派。怀海众多弟子中出了两位非常杰出的弟子，一是沩山灵祐，后来建立了沩仰宗；二是黄檗希运，其弟子临济义玄建立了临济宗。临济宗如今仍是日本佛教的主要宗派。

南唐时，百丈寺徙于原址西北，旋即毁。北宋元丰年间（1078—1085年）重建，张无尽为其写过文章。明洪武年间（1368—1398年），香火极盛，附近禅寺林立，有“三寺五庙四十八庵”之说。清代，百丈寺多次整修，山门大殿，宏伟宽敞，梵宇层楼，蔚为壮观；寺后“凌云亭”“师表阁”依山相衬，后均被毁。清康熙年间，南昌知府叶舟重建。雍正十二年（1734年），奉旨敕修，内府按朝廷颁发的图样加以改建。咸丰六年（1856年），石达开率太平军驻寺10余日，佛像、僧房均被他们焚毁。咸丰十一年（1861年），李秀成率太平军经奉新，该寺再度被焚毁，所有经卷连同师表阁均付诸一炬。同治六年（1867年），僧清德、石兰等人化缘修理佛殿，装修佛像。

现在，百丈寺修葺一新，总占地面积为1164.25亩。寺内尚保存清同治六年（1868年）重修的大雄宝殿。

（三）温泉文化

宜春温泉不仅数量较多，品质上乘，而且还有厚重的温泉文化，是名副其实的温泉之乡。人们白天观山景，晚上泡温泉，不仅大饱眼福，而且有益身心。

1. 富硒温泉 >>>

宜春温泉最大亮点是富硒。在休闲旅游日益时尚的今天，泡温泉已经不是什么稀罕事，可是泡富硒温泉却是一件稀罕事，因为富硒温泉天下少有。宜春富硒温泉“中国第一，世界第二，天下无三”，可与法国著名的“埃克斯”矿泉相媲美。

硒的名字出自古希腊神话中的“月亮女神”赛琳娜的名字（Selene），二者同为“生命保护神”。硒不仅是人体微量元素中的“抗癌之王”，而且对心血管、消化、泌尿等系统疾病和风湿、关节类疾病以及皮肤疾病等均有疗效。

宜春富硒温泉至今已有2000多年的发掘历史，主要分布在明月山脚下的温汤镇。此地的温泉据史书载:“气温如汤,冬可浴,以生鸡卵投之即熟”，可“祛风疾”。温泉从地下470米深处花岗岩中涌出,日出水量为1万吨,水温常年保持在68—72摄氏度。

宜春富硒温泉无色无味，水质细腻，微含硫，具有低矿化度、低钠、富硒、偏硅酸含量高等特点，含有27种对人体有益的微量元素。宜春富硒温泉还可直接饮用，是饮用水的极品。科学研究表明，人一天所需硒的含量不少于17微克，而温汤古井的温泉水硒的含量达到每升15微克，一个人一天喝1200毫升温泉水，就可以达到正常所需的硒元素含量。据医疗专家对温汤居民血硒含量的化验，每升血液中硒的含量达到100微克，而

正常人血硒含量是35—87微克。所以，这里的人均寿命远远高于全国平均寿命，90岁老人挑百斤重担健步如飞，百岁老人能穿针、洗衣。所以，许多外地人来温汤镇购房长住，以求享受宜春富硒温泉的滋养，并因之延年益寿，焕发青春。

宜春富硒温泉不仅以质量上乘而闻名，而且其泡温泉的方法很特别，深得游客青睐。宜春明月山温泉度假村推出“九步六法”温泉礼仪，赢得一片赞扬声。“九步”依次为“澡身、爽神、探泉、沐汤、拭肤、养体、执兰、思静、感恩”；“六法”依次为“半身沐浴法、全身沐浴法、局部沐浴法、冷热交替法、冲击沐浴法、按摩沐浴法”。“九步六法”具有深厚的文化内涵，旨在让人以虔诚的心态、纯洁的心灵去体验大自然的馈赠，将身心释放，经受大自然的洗涤，最终清脱而出，达到天人合一的境界，真正将温泉沐浴上升为一种心灵的沐浴。

2. 氡温泉 >>>

氡（Rn）是自然界非常稀有的无声、无嗅、无色的气体元素。我国卫生部门规定，氡含量大于15埃曼/升即属医用温泉，对人体能产生某些显著的生理作用。

宜春氡温泉位于袁州区洪江乡洪江村温塘组、山下组。水温在40—50摄氏度之间，日出水量达1200吨。经化验，宜春氡温泉中氡的含量为120埃曼/升，远远高于15埃曼/升的标准，可浴可饮，有很好的医疗保健作用。

宜春的氡温泉疗效神奇，堪称美容液，能使人容光焕发，常葆青春，是远近闻名的女性美容的妙品。

目前，以氡温泉休闲为主的国际禅修中心正在建设中，相信在不久的将来，这里便会成为世人修禅的胜地、女士美容的天堂。

3. 十泉（全）十美

宜春是座温泉名城，温泉不仅质量上乘，而且数量众多，星罗棋布，遍布全市。目前已经开发的有10处，人称“宜春温泉，十泉（全）十美”。

仅以目前探明的温泉资源来看，宜春已有明月山富硒温泉、洪江氡温泉、袁州梅花温泉；樟树盐温泉；铜鼓福地温泉、汤里温泉；丰城隍城富硒温泉；奉新九仙温泉；靖安江钨温泉、恒茂温泉等。专家又将宜春温泉归纳为硒温泉、氡温泉，以及盐泉、氟泉、锂泉、禅泉、仙泉、福泉、氧泉、洞泉等10个功能品类，并赞之曰：“宜春温泉，十泉（全）十美”。

二 秀美的旅游景区

宜春旅游资源得天独厚，十分丰富，经过十来年的旅游开发，涌现一大批亮点纷呈、各具特色、景色迷人的旅游景区。宜春南有浪漫温馨、层峦叠翠、风光旖旎的明月山温泉风景名胜区，北有山清水秀、空气清新、号称“天然氧吧”的三爪仑国家级示范森林公园。酉江洞、竹山洞、铜鼓毛泽东化险福地等许多知名景区，好似奇珍异宝，赢得游客纷至沓来并交口称赞。另外，还有许多正在开发和有待开发的旅游景区景点，虽然目前“养在深闺人未识”，但恰如正遮着红盖头的娇羞新娘，撩拨得人们心旌摇荡、翘首以盼，等待“千呼万唤始出来”的醉人时刻。

云谷飞瀑

（一）经典景区景点

经过10多年的旅游开发，宜春的景区景点不断成熟，日益丰富，涌现出许多游客流连忘返、交口称赞的经典景区景点。

1. 明月山温泉风景名胜区 >>>

明月山温泉风景名胜区，位于宜春市西南15千米处，是国家AAAA级旅游风景区、国家级风景名胜区、国家森林公园、国家地质公园、国家自然遗产、中国温泉之乡。

景区总面积为136平方千米，由12座海拔达千米以上的山峰组成，主峰太平山，海拔达1735.6米。共有六大景区：温汤度假区、潭下景区、太平山景区、青云景区、仰山景区、玉京山景区。景区素有“天然动植物园”之美称，世界珍稀濒危植物——中华落叶木莲现仅存两棵，为明月山特有。景区原始风貌保持良好，植被茂盛，空气负离子含量达到每立方厘米7万多

【链接·“嫦娥之父来到月亮之都”】

2008年，中科院院士、中国探月工程首席科学家欧阳自远夫妇专程从北京赶来宜春参加第二届月亮文化节金婚庆典活动时，被人们称为“嫦娥之父来到月亮之都”。欧阳先生在亲临宜春感受明月山后感慨万千、欣然命笔，撰写了《愿携嫦娥故里行》《嫦娥故里明月亮》等华彩乐章。后来又为《月亮之都》网站写了一首诗：“人是故乡亲，月是故乡明，嫦娥回故里，普天同欢庆。”这使人们宁信嫦娥就是在明月山飞天奔月！

个，是国家标准的35倍。

明月山之旅是浪漫的爱情之旅。景区开辟了10个非常经典的爱情景点，依次是：明月广场相遇、荷塘月前相识、咏月碑林相知、竹林月影相约、晃月桥上相牵、抱月亭中相恋、浸月潭中相印、月下老人相系、拜月坛上相誓、梦月山庄相拥。这是人生爱情的完整旅程。如果游客带上心仪之人，从山下到山顶，走完全程，最后进入梦月山庄相拥，晚看月升，朝看日出，那是何等惬意，何等幸福，何等浪漫啊！

明月山之旅是温馨的亲水之旅。“明月松间照，清泉石上流”“山中一夜雨，处处挂飞泉”就是明月山的生动写照。从景区入口到山顶，一路流水潺潺，飞瀑流泉。飞练瀑、玉龙瀑、鱼鳞瀑、玲珑瀑、云谷飞瀑五叠形态各异、各具特色的瀑布群，自上而下令人叹为观止。其中“云谷飞瀑”瀑布居“宜春古八景”之首，它全长为119.57米，是江南第一高瀑。其半山腰的七彩溪堪与九寨沟的彩池之水相媲美，清澈透明，色彩斑斓。山顶还有个月亮湖，碧波荡漾，湖水清晰可鉴。

梦月山庄（杨晓宁摄）

明月山之旅是探险之旅。在海拔为1400多米明月山上部的悬崖峭壁之上，有条全长1650米的青云栈道（含一座20米的玻璃钢桥），它既起于梦月山庄也圆于梦月山庄，像一个项圈戴在太平峰脖子上，如果我们把景点和项目喻为珍珠，青云栈道则是珍珠的串绳，它将景区串联成一个完整完美的游览圈，而与之连接的游步道长达1300米，游程中还可接入长达150米的星月洞。该栈道具有险、秀、奇、绝、巧等特点，游客走在栈道上，犹如升上了九天云端，不免产生“好风凭借力，送我上青云”的一帆风顺的美妙之感。

明月山之旅是风景如画之旅。春天，修竹鹅黄，茂林新绿，山花烂漫，鸟语花香；夏天，荷花粉红，竹木翠绿，林涛阵阵，凉风习习；秋天，松林深绿，杨树金黄，枫叶火红，层林尽染；冬天，山舞银蛇，原驰蜡象，银装素裹，北国风光。一年四季，色彩斑斓，气象万千。

2. 三爪仑国家级示范森林公园 >>>

三爪仑国家级示范森林公园，是国家AAAA级旅游风景区、

国家示范森林公园。景区位于靖安县境内，地处九岭山脉东麓，总面积达193平方千米。

关于“三爪仑”称谓的由来有多种说法，但多半认为是因景区内三座山脉的走向呈“爪”字形。

景区内层峦叠嶂、林海茫茫，而且怪石密布、清潭飞瀑。千米以上的山峰有100余座，最高峰九岭尖为1794米。这里山岳景观和湖泊景观交相辉映，自然美景和人文古迹相得益彰，动态娱乐和静态休闲巧妙结合。景区内有国家重点保护植物八角莲、伯乐树、香果树、天竺桂等18种；有国家Ⅰ级保护动物云豹、金钱豹、白颈长尾雉等3种。森林覆盖率达95.7%，负氧离子含量高达10万

【链接·诗词之乡靖安】

靖安除了有蕴含无限秀美山水的三爪仑景区以外，还是明朝礼部尚书、江西十大才子之一李叔正、清代《白香词谱》作者舒梦兰的故乡，以及唐代著名诗人刘慎虚的隐居地。当代的靖安人也秉承了先人文化遗风，乡乡有诗社，村村有诗人，有“中华诗词之乡”之美誉。

多彩大樟河（刘新宇摄）

个/立方厘米，年平均气温为13.7—17.5摄氏度，有“绿色宝库”“天然氧吧”之美誉。

景区现已开发观音岩大峡谷、白水洞、神仙谷、天崖山、骆家坪原始森林、娃娃鱼生态园、北河花卉园等10余个自然景观景区，以及宝峰寺、东周古墓博物馆、况钟纪念馆、地下战备电厂等近10个人文景观景区。现已开发的主要娱乐项目有神仙谷天然峡谷冲浪、金罗湾漂流、丛林野战、高山滑草、高山滑水、水上乐园、太空球等。同时还开展了娃娃鱼观赏、椪柑采摘、登山探险、帐篷露营、篝火晚会、风味烧烤及户外拓展等旅游活动。

主要景观有观音岩、仙女浴瀑布、白水洞瀑布、天崖山、盘龙湖、大梓河风光、送子观音、倒天崖、天崖山、万顷绿海、况钟园林、橹崖风光、大洞山峡谷、宝峰寺、马祖塔亭等93处。

观音岩是景区的著名景点，因剑门峰上巨型观音石而得名，总面积达12.133平方千米。

观音石立于深壑中间，直耸云天，四周密布迎客松。石高约为60米，上小下大，坐北面南，状如滴水观音，头戴纱巾，

三爪仑风光之盘龙湖

体态雍容，娴静端庄，使人肃然起敬。

观音岩景区的仙女浴瀑布高30米，宽3米，中下端有一天然裸女石，高约1.7米，身体各部明显，线条清晰，侧卧石壁之上，瀑布从其身上冲洗而下，如一美丽少女正在沐浴，惟妙惟肖，栩栩如生，堪称天下奇观。

景区内每年农历2月举办马祖节；8月举办漂流节；11月举办椪柑节，吸引了大量的游客前来娱乐观光。

3. 百丈山——萝卜潭风景名胜区 >>>

百丈山——萝卜潭风景名胜区，是国家AA级旅游景区，由百丈山和萝卜潭组成。

星级：AA
门票：30元
开放时间：2005年4月
交通：直通昌铜高速、奉上公路，交通便利
咨询电话：0795－4501001

百丈山位于奉新县城西75千米处。主要景点有百丈寺、蟠龙石、野狐岩、真源、天下清规石刻等。

百丈寺经历战火毁坏后，仅存大雄宝殿和僧寮。

2004年重修。现百丈寺占地1100余亩，建筑面积近5万平方米，气势恢宏，号称华东地区最大的寺院。

萝卜潭瀑布

萝卜潭位于奉新县城西北大约30千米处，面积为7.8平方千米。景区内竹木茂盛，负离子含量达6.5万个/立方厘米，有大小瀑布20余个，全长约为3.5千米。主要景点有8个：果

林拾趣，桃谷幽境，江南第一瀑布群，千年古树芭蕉园，霜枫晚秋，梅垅冬韵，宗寺静心，青峦览胜。其中江南第一瀑布群八瀑八潭直线距离约为500米，连贯而泻，或窄或宽，叠飞而下，蔚为壮观。据说，这是神仙的杰作。相传在很早以前，八仙为了给玉皇大帝送上一份惊喜，结伴相邀为玉皇大帝寻找不慎跌落凡间的一枚玉印和一顶金冠。当他们来到种满萝卜的这个山谷中发现了玉印及金冠时，却饿得没有半

【链接·野狐禅的由来】

禅宗史上最著名的公案之一“野狐禅”的出处，就在百丈山里一个叫野狐岩的地方。传说，怀海大师每上堂说法，经常有一老人站在后面听讲，不知是谁，也没人关心。一日，怀海大师升堂说法后，众僧皆退，就是这 个老者没走。怀海法师就问：“你是何人？为何不退？”老人说：“我不是人。还在禅宗初祖摩诃迦叶时，我便在百丈山说禅。有学人问：‘修行者还落因果否？’我言：‘不落因果’。哪知因为这一转语，我即堕为野狐之身，到现在已经五百年矣。恳求大师一转语，破此玄关，让我从野狐身上解脱出来。”怀海沉吟一会，说：“请问吧。”老人云：“修行的人还落因果否？”怀海当下即答：“不昧因果。”老者大悟，再三感谢，并说：“我已脱野狐身矣，希望大师能到后山以亡僧礼葬我。”随后不见。怀海即令管僧堂的维那击棒集众，宣布：“食后送亡僧。”众人面面相觑：“一众皆安，寺内亦无病人，何出此言？”斋后，怀海大师率众僧至山后岩下，以锡杖挑出一只死狐狸，依佛门规则以僧礼火葬之。后来，佛门以不懂禅法者为“野狐禅”。这一公案，虽近神话，然禅门中人无不笃信，故流播丛林。“野狐禅”三个字现在已经成为成语了，不过意思却出现了变化，现今在社会上广为流传的“野狐禅”一词则指对各种事理浅陋无知或一知半解者，又指外道、异端。

百丈寺

点力气，任凭怎么施法，玉印、金冠就是坚如磐石，奈何不得。八仙们便一人拔了一个萝卜充饥。这一拔不打紧，把通往龙宫的泉水带了出来，一个萝卜眼一泓清泉，泉水汹涌而出，叠飞而下，于是形成了这个萝卜潭瀑布群。

萝卜潭的水清澄如镜，堪与九寨沟的水相媲美。两岸青山水雾中映现彩虹之景，甚为奇妙。八潭之间岩石多奇，有犀牛望月、二牛争潭、铁拐洞天、雄鹰展翅、百仙聚会、仙姑遮屏、老虎飞涧、大象饮水等自然景观20多处。

4. 天柱峰国家森林公园 >>>

天柱峰国家森林公园，是国家AAA级旅游景区，国家森林公园，国家水利风景名胜区，总面积达49.6平方千米。

景区被誉为“江南生物世界”，有野生动物188种，其中含国家Ⅰ级保护动物2种；有植物534种，其中含国家保护植物13种。公园由九龙湖、铜鼓石、龙门崖、大沩山四大景区组成，共有景点76处。景区内独特的丹霞地貌鬼斧神工，奇峰突兀。铜鼓石、万笏朝天、七重门、天柱峰、一线天等胜景铸就了景区“绿色”旅游的骨架；秋收起义纪念馆、毛泽东旧居——肖家祠、排埠万寿宫等一大批革命文化景观，辉映出

TICKET **门票：**80元
开放时间：全天
交通：良好
咨询电话：
0795－8689999

天柱峰全景

景区“红色”旅游的灵魂。

景区内最著名景点天柱峰，古名灵石峰，俗名麦果峰，位于铜鼓县东北30千米处。清乾隆年间宁州举人刘显祖，嫌其名太俗，易名为天柱峰。天柱峰三面环水，雄伟挺拔，海拔高度达359米，形同天柱，矗立于碧波荡漾的九龙湖中，号称“修江第一峰”。九龙湖湖面宽阔，纵深狭长，水面面积约为8平方千米，平均水深30米，最深处可达60余米，可蓄水1.15亿立方米，是集发电、防洪、旅游为一体的综合性水利工程。九龙湖气势磅礴，天连山，山依水，青山绿水，如诗如画。湖中倒映的一座座青山，像一簇簇睡莲，在云雾映衬下，有如水上迷宫。游湖必须乘船。船随青山走，人在画中游，湖光山色，美不胜收。远远望去，天柱峰像一只跃出九龙湖水面的巨大石螺。据《铜鼓县志》载，天柱峰有一个神奇的传说。相传，八仙之一的张果老路过此地，在观音娘娘的“晒鞋尖”前拴驴解囊时，不慎将随身携带的仙螺宝石掉落草丛中。说来也怪，仙螺坠地还俗，竟见风增高，以“一日长一千，十日撑破天”之势，骤然陡长。南海观音旋即上奏玉帝：“凡尘怪石，日长千倍，若不制服，数日后即将冲破南天门。”玉帝大惊，即差雷神下凡征服。是日，风起云涌，天昏地暗，大雨滂沱，火蛇飞舞，霹雳一声，灵石腹部被惊雷劈出一个大洞，遂停止长大（高）。后人在石洞中建立“灵石庵”。

遥望“灵石庵”，觉得它就是天柱峰这颗巨人脑袋的大嘴，无声地向世人预示着那不可泄露的天机。

灵石庵又名志虚庵，始建于南宋时期。庵分前后栋，前栋为岩石、土木混合结构，雕梁画栋、富丽堂皇；后栋观音佛殿，系由一座高七、阔八、进深九米的石洞构成。殿室内正厅右侧，有一“别有天”的摩崖石刻，系湘乡人朱伟刚惊羡这石窟之奇巍而刻。同治《义宁州志》载:“崖结有庵，顶圆中空，状若悬磬，幽致可远尘嚣，高僧多隐于此，诚一方胜地也。”苏东坡曾来此，留下了“带水清，泉石透，中有高人自在居”的诗句。

清乾隆五十三年（1788年）、嘉庆十五年（1810年），曾两次重修此庵。“文化大革命”期间，此庵前栋被拆毁，观音殿佛像、神龛被砸碎。随着旅游业的兴起，此庵得以修复，香火重旺。

登上天柱峰山顶，举目远眺，近处九龙湖波光粼粼，远处群山逶迤，如大海波涛，给人“会当凌绝顶，一览众山小”之感。

5. 樟树中国古海养生旅游度假区 >>>

樟树中国古海养生旅游度假区，景区位于樟树市南郊葛玄路旁，距市区4千米。项目利用樟树独特的岩盐资源（出井温度达40摄氏度，含盐量超过了25%，可任意浮起人体），整合药、酒、道等养生资源，因盐兴游、以盐养生。度假区分古海养生旅游区、芳香植物养生度假区、药都养生文化展演中心、国际养生运动休闲区、世界养生文化体验区五大区域，打造集古海养生、植物养生、文化养生、强体养生为一体的复合型养生旅游项目。

门票：339元
开放时间：9:00至凌晨2:00
交通：开通了城乡公交，通往店下、阁山镇的车辆均可到达；出租车可直达，费用大概30元
咨询电话：0795－8689999

古海养生旅游区有养生会馆、海洋之恋、太极盐泥馆、盐晶动感SPA、3D漂浮影院、盐魔方、玉盐炕、青春

古海核心区

之歌、水上乐园、餐饮会务中心、精品酒店、香泉宫十二大梦幻蓝海景点。其中，养生会馆总建筑面积达 8080 平方米，体现“盐晶、古海、海洋”文化。海洋之恋糅合海星、海藻、贝壳等海洋元素，总建筑面积达 3338 平方米，池体面积为 1800 平方米，可同时容纳 1500 人漂浮。3D 漂浮影院可同时容纳 100 人，是我国首个放映室内漂浮炫天幕电影的影院，通过现代高科技投影技术，让游客在漂浮的同时，能观赏世界美景或了解亿万年前的死海及死海的演变过程。香泉宫是面向高端游客打造的院落式漂浮区，配有游泳池、古海漂浮池、古海理疗室等。

正在规划建设的芳香植物养生园主要打造芳香宾舍、“冒险树”森林探险乐园等项目，建设五行道法养生休闲景区；药都养生文化展演中心建设药都风情小镇、中华医药文化主题园等；国际养生运动休闲区主要是利用运动疗法达到养生目的，建设有国际养生运动球场、国际滑草场、拓展训练基地、体育养生度假区等；世界养生文化体验区定位为传播和体验世界养生文化的大观园，主要有印度瑜伽体验中心、法国精油 SPA 养生会所、芬兰桑拿浴场、美国养生运动场、日本自然养生体验场等。

目前，古海养生旅游区已经建设完毕，年底开始接待游客。待项目全部建成后，预计游客量可达 300 万人 / 年，并将作为江西旅游新地标，从而填补中国复合型养生旅游度假项目的市场空白。

（二）重点景区景点

1. 宜春花博园 >>>

宜春花博园，位于袁州区湖田镇湖田村，东距宜春高速公路出口处6千米，西距宜春机场路AB线交会处2千米，占地面积

门票：60元
开放时间：8:30至17:30
交通：1路公交到达
咨询电话：13879575318

花博园全景

达1215亩，包括4个展馆、12个展园、12个专类花园、5条主花道和若干景观平台。

花博园有全省面积最大、数量最多、品种最全的茶花园，种植茶花、茶梅10万多棵，品种300多个；有湘赣两省首个热带植物馆；有全省第一个兰花馆，引进兰花品种100多个；有全省第一个现代农业展示馆；有全省最长最壮观的紫薇景观带，全长1000多米，在紫薇景观带上有一棵胸径1.28米、地径1.8米的千年大紫薇树，是花博园的镇园之宝。

园中有展览馆、热带植物馆、现代农业展示馆、兰花馆等四个展馆。

省林业厅和每个设区市都在园中建设了一个具有本市特色的展园，一共12个。

园中还有紫薇景观带、竹园、海棠园、桂花园、精品茶花园、桃花溪、玉兰园、石榴园、梅花园、月季园、杜鹃园、百果园等12个专类花园。

园中有丹桂路、玉兰路、樱花路、紫薇路、茶花路等5条主干道。

园中的花开盛世广场、月亮湖、太阳山都是吸引游客眼球的秀美景点。

2. 宜春禅都文化博览园 >>>

宜春禅都文化博览园，位于宜阳新区外环北路以北、卢洲路延伸段以南、秀江河以西，占地面积约为3200亩，建筑面积约为56万平方米，是集文化观光与体验、休闲度假、旅游地产为一体的综合性旅游景区。

禅博园把禅宗的“一花五叶”与从宜春起源的“丛林清规”自然融合。禅博园分南北轴线和东西轴线，有四大区域：禅林区（崇圣寺）、禅文区（禅文化重点展示区）、禅商区（五叶街）、禅居区（包括安置房、商住楼等）。

整个景区打造九度空间，即：一花、五叶、三丛林，分别以禅心、禅念、禅地、禅祖、禅寺、禅业、禅客、禅居、禅乡为依托，以入禅（入定、入慧、入禅门），观禅（观山、观水、观禅林），修禅（修身、修心、修禅法），悟禅（悟天、悟地、悟禅理），听禅（听禅、听乐、听身心），品禅（品禅、品茶、品心境），施禅（施善、施礼、施慈悲），城禅（城里、城外、城中禅），乡禅（乡里、乡村、乡间禅）为内容，形成具有不同禅意境的 9 个功能空间。

东入口夜景效果图

春台公园

3. 宜春春台公园

宜春春台公园是省级风景名胜区点，位于宜春中心城中山中路南。公园始建于1932年，时名宜春公园；1956年改为人民公园；20世纪80年代初改名为春台公园。公园古木参天，有园池，假山，亭台楼阁，动物园，园中园，滑冰场，儿童游乐场，各种名贵花卉、盆景，退役米格15型比斯歼击飞机等景点景物。主要名胜宜春台矗立于巅，登台四眺，全城在目。

4. 宜春袁山公园 >>>

宜春袁山公园，位于宜春市市区袁山大道北大约1千米处。因袁山而名之。

袁山，古名五里山，因东汉隐士袁京居此而得名。袁山海拔为208米，面积近1平方千米。公园总面积近84.6公顷，其中山林面积近40公顷，水面约15公顷。园中设置了百花园、珍稀植物园、水生植物园、动物园、鸟语林、观光果园、梵音

袁山公园北景

飞瀑、花台叠水等自然生态风景区；设置了览胜阁、文澜阁、清风亭、松风亭、历史广场、名人草堂、归田园居以及碑林、石刻等历史文化景观区；设置了儿童乐园、欢乐广场、音乐花园、攀岩、益寿园等休闲娱乐区。

公园的袁山之巅建有昌黎阁，半山腰建有状元亭、高士亭、云姑亭、鹧鸪亭等景点。

袁山公园北部建有竹博园，面积为75亩，有136个品种，十四五万株（丛）竹子。园中观竹者川流不息。

5. 宜春化成岩森林公园 >>>

宜春化成岩森林公园，位于宜春中心城秀江西路的化成岩。化成岩海拔为 166 米，山腰有一平台，方圆数十丈，建有化成寺。晚唐宰相李德裕贬谪宜春长史，曾寄寓于此。卢肇、黄颇执经问难，受益匪浅，后来卢肇中了状元，民间流传是因李德裕的点化之功，化成岩因此得名。“化成晚钟”乃宜春古八景之一。

公园面积为73.3公顷，内有松、樟、油茶等47科120多个林木品种。园内有两湖，水清如镜；有自然博物馆、东汉石室墓及中心广场。其中广场建设因得到上海松江区的援助，故又名“松江园”。园内还有停车场、盆景园、青少年活动中心、老年活动中心、儿童乐园、花木交易市场。

化成寺

【链接 · 宜春化成岩森林公园】

在化成岩可欣赏到古代的摩崖石刻，最有名的要数“李卫公读书处”。李卫公就是指李德裕。这六个字旁边还有四个字“亦当酒醒”，什么意思呢？传说这块石头叫酒醒石，俗称婆婆石，喝醉了酒的人只要躺在石头上，不用多久就全身凉爽，酒意全消。当年李德裕一边作诗一边喝酒，喝醉了酒就躺在石头上，醒来又开始喝酒作诗。

6. 宜春状元洲公园 >>>

宜春状元洲公园，位于宜春市城区秀江河中央。国家首批青少年户外（体育）活动营地示范基地、宜春市青少年自护教育基地、宜春市青少年法制教育基地。形似巨舰，东西全长675米，南北最宽处为142米，总面积达110亩。状元洲命名源于唐会昌三年（843年），卢肇曾在此竖石为铭，苦读诗书，于此年考中状元，得名状元洲，又称卢洲。

状元洲四面环水，皓月沉璧，被誉为“卢洲泊月”，乃“宜春八景”之一。在挖掘和传承“状元读书”文化和“卢洲印月”景观的基础上，新建有市青少年科技馆、启迪广场、新月广场、文化广场、休闲广场、状元阁、文标阁、室外游泳馆、全民健身广场、健身路径、乒乓球场、篮球场、小篮板等多个项目，形成集文化、科教、培训、游乐、休闲、健身、展览于一体的开放式主题公园。

状元洲（杨晓宁摄）

酌江风景区

7. 袁州酌江风景区 >>>

门票：70元

开放时间：

夏季8:00–17:30；

冬季8:00–17:00

交通：专线公交

咨询电话：

0795 – 3652968

袁州酌江风景区，是国家AAA级旅游景区，位于宜春市袁州区北部三阳镇境内，距宜春市区18千米。景区风光秀丽，人称“酌江山水画、溶洞自然诗”。景区旅游资源丰富多彩，既有白龙洞、酌江洞、石林等众多的喀斯特地貌景观，又有水上运动基地、果园等休闲乐园。

景区现主要开放景点为白龙洞。洞长1718米，洞内平均气温18摄氏度，冬暖夏凉。洞内有一条地下暗河，水质清澈见底，水底群鱼游弋，游览此洞是先乘船，后步行。洞内钟乳石千姿百态，造型各异，石笋、石柱数不胜数。洞内有石花神磨、龙舞厅、河马护笔等30余处景点，其中以“藏宝殿”最具特色。“藏宝殿”高26米，洞壁呈旋涡状向上旋转，洞顶端坐着一只“大熊猫”。此为世界罕见绝景。洞外有酌江水库，水面面积为800亩。

8. 天沐·明月山温泉度假村 >>>

天沐·明月山温泉度假村，是国家AAAA级旅游景区，位于宜春西南15千米处的温汤镇，占地面积为1000余亩，是集温泉、餐饮、客房、会务、保健、休闲、娱乐于一体的旅游度假胜地。

天沐·明月山温泉度假村以温泉为主导产品，露天温泉区内有50多泓特色温泉浴池，其中有专为夏季设计的“飘雪池”“盐

天沐

门票：268元
开放时间：8:00至24:00
交通：乘坐116、118路公交车至天沐温泉站下
咨询电话：0795－35156666

雾浴”“温泉冷雾”，还有膜拜大自然的“天体浴”。

度假村将中国传统洗浴礼仪与沐浴温泉的本身特点相结合，推出“九步六法”温泉礼仪，依次为“澡身、爽神、探泉、沐汤、拭肤、养体、执兰、思静、感恩”。将温泉沐浴上升为一种心灵的沐浴。

9. 天工开物园 >>>

天工开物园位于天沐·明月山温泉度假村内，占地300亩，建筑面积约为1.5万平方米。园内建有仿古门牌坊、宋应星广场、天工开物博物馆、观湖木栈道、应星塔、文墨馆、织染区、谷物加工区、傩文化馆、土陶馆、古戏院、风情街等仿古建筑、

【链接·是金子总会发光】

《天工开物》自明末清初刊印后，流传出去，先后被译为多种文字，但《天工开物》在国内却一直得不到重视，在国内长期失传，在乾隆皇帝编撰《四库全书》时没有被收入，一直被埋没了近两百年。直至民国初年，一位叫罗书辐的中国人在一家日本普通的古旧书店里，突然发现了一套日本翻刻版的中国图书，他就拿出自己珍爱的几枚古钱换下了这套旧书，并将它带回祖国。那时的中国，除了《天工开物》外，没有任何一本书如此全面、系统地记录过中国古代农业和手工业的各项技术，《天工开物》由此而广为人知。除此书外，作者宋应星还著有《画音归正》《论气》《谈天》《原耗》《美利笺》《杂色文》《卮言十种》等著作，集中反映了他在政治、经济、哲学和科学等方面的广博学识和深刻见解，他不愧为中国封建社会最伟大的学者和科学家之一，是中华民族的骄傲。

门票：60元
开放时间：
8:00至17:30
交通：乘坐116、118路至天沐温泉站下
咨询电话：
0795－35156666

天工开物园

文化展馆、民间艺术展示馆等。该园博物馆以明末科学家宋应星所著《天工开物》18卷序为主要内容，用实物、模型、器械展示或文字、图片资料说明等方式，全面展示书中关于古代科技的应用、传统手工制作方式、中国农耕文化的传承和延续等，诠释了《天工开物》厚重、古朴的农业科技和久远的农耕文明。园内的特色风情街，集中展现了具有宜春地方特色的传统工艺、民俗风情，演绎了宜春民间剪纸、微雕、糖画、竹编、根雕、米酒、花炮、榨油等手工制作艺术。

10. 樟树阁皂山国家森林公园 >>>

樟树阁皂山国家森林公园是国家AA级景区。位于樟树市东南18千米处，绵延200余千米，景区内森林覆盖率达83.4%，因山“形如阁，色如皂”而得名。最高峰海拔为802.7米。东汉建安七年（202年）道家葛玄在此悟道修真，后遨游山海，于孙吴嘉禾二年（233年）再次来此，在骆驼峰之侧建“卧云庵”，筑坛立灶，修炼“九转金丹”。传说葛玄于赤乌七年（244年），在卧云庵白日飞升，后世人尊称其为“太极仙翁”。唐仪凤年间（676—678年），朝廷赐阁皂山为“天下第三十三福

阁皂山

【链接·阁皂山的来历】

道书上记载，道学家葛玄为天上的善思菩萨转世。传说两千年前，王母在瑶池举行蟠桃会，善思菩萨位卑只能坐在瑶池边缘，几盏琼浆下肚，微有醉意，朦胧地看着众仙子歌舞。突然，司药仙子歌舞到其旁边闪身似要跌倒，善思菩萨赶忙起身相扶，不仅把座椅碰出瑶池跌落到人间，而且触犯了“男女授受不亲”之大忌而被贬往人间投生在葛尚书家。仙椅掉在清江县（原樟树市名）东南边缘成了一座靠北朝南的山头，这就是现在的阁皂山。玉帝也考虑善思菩萨是好心的过失，就派太上老君传授他灵宝经，道名葛玄，并派左慈真人传授他医药丹术，嘱咐他在阁皂山潜修，因为司药仙子也有过失，就责令她在阁皂山遍植灵芝百草，以供葛玄济世渡人所需。后来葛玄在阁皂山布道行医、广结善缘43年后，白日飞升重返天庭，阁皂山就成了名播遐迩的药道名山。

地”之誉。宋代，与金陵（南京）茅山、广信（贵溪）龙虎山并称天下三大名山，有“学道之士五百人，为屋一千五百间”。朱熹、文天祥等先后“躬临其盛”。朱熹两次在“道德宫”讲学，故“道德宫”一度被称为“紫阳书院”。

景区内有全国重点文物保护单位的宋代鸣水桥。

11. 樟树三皇宫 >>>

樟树三皇宫是国家AA级旅游景区，位于樟树市区北部边街，始建于宋代，现存三皇宫建于清光绪十三年（1887年），砖木结构，是樟树药业人员供奉三皇和历代医药家之地，也是药材行铺集会的场所。因正殿供奉伏羲、神农、黄帝三皇神位，故名“三皇宫”。

三皇宫由正殿、神殿、左右厢房、里院、戏台、套间、

三皇宫—饶良平　摄

客厅、膳房、寝室等部分组成，形似四合院布局，建筑面积为889.83平方米。正殿内供有扁鹊、华佗、张仲景、王叔和、王惟一、李时珍、叶天士、皇甫谧、葛玄、孙思邈等医药学家塑像。每年农历四月二十八日，樟树药业人士要在这里举行盛大庙会，除夕向药王礼拜辞岁，年初一齐聚集三皇宫团拜。

12. 丰城丰水湖文化公园 >>>

丰城丰水湖文化公园，是国家AAA级旅游景区，位于丰城市新城区西面，玉龙河北支线与南支线交汇处，总面积达1270亩。

公园由丰水湖、丰水广场、心广堂和园林景观带四大部分组成。

公园以新城大道为轴心，两侧各一个半月形人工湖，合成一个圆形人工湖，水面面积约为300亩。在人工湖中心点上有一个半径为106米的圆形丰水湖广场，广场面积达50余亩。一条地下通道将两个半月形广场联为一体。广场建有对称的展馆、双剑墙、丰水平台等建筑。湖外围有和合塔、唯美龙窑、博物馆、丰阁、和顺水、枫林桥、景观小品等观光休闲场所。

月升丰水湖

公园内有一座126.8米高的塔，名叫“和合塔”，号称“江南第一塔”。塔高13层，挑出7层塔檐，形成“明七暗六”的格局。

公园南北状元桥的湖中，各建着一道长长的剑墙，墙上各放着两把长长的宝剑，剑长29米，重8吨。剑墙上刻着“天下第一剑”5个金色的行草大字。

玉龙河穿园而过，水质清澈，常年流淌。

公园集丰城历史、文化与风景旅游于一身，是人们休闲、娱乐、游览的理想场所。到此一游者，无不叹服其大气与秀美。

13. 丰城中国生态硒谷城 >>>

丰城中国生态硒谷城，是国家AA级旅游景区，位于丰城—高安公路的西侧，距丰城城区大约25千米。

丰城市富硒土壤控制面积达524.7平方千米，主要分布在董家、荷湖等8个乡镇（街道），属于江西省首次发现的稀有富硒土壤。硒谷城以富硒种植与养殖产业为依托，以富硒加工产业为支撑，以富硒高新技术转化为突破，集富硒产品生产、加工、旅游、教育为一体，具有“有机农产品生产、观光休闲和乡间健康生活、农村发展模式与农业科技示范、生态环境改善”四大功能，成为富硒产业发展聚集地，被中国营养学会、中国食品科学技术学会授予“中国生态硒谷”称号。

中国生态硒谷城有隍城富硒森林温泉和董家中国富硒生态园红莲山两个景区。

养生硒谷

14. 玉华山景区 >>>

玉华山，又名“著棋峰”，俗叫“紫脑顶”，号称“紫玄洞天”，因当年玉皇大帝在此修成正果而得名。位于丰城市南部 45 千米的荷湖乡境内，景区面积达 100 多平方千米，主峰“著棋峰”海拔为 1169.1 米，为丰城第一高峰。

山上多奇洞、怪石，据说千岁丘、官印石、月亮石、马嘴石、鸳鸯床等都是八仙的棋子变成的，千态百状，令人诧异。

玉华山景区除奇山怪峰外，还有疑似银河落九天的龙涵瀑布、洞深莫测的九曲十八间岩洞、落雨奇树红豆杉等景观。这里被人誉为“小庐山”，是避暑、休闲的极佳之地。

玉华山之巅

15. 丰城罗山景区 >>>

罗山原名池山，与玉华山、升华山脉脉相连，位于丰城南部大约 30 千米处，与崇仁县、乐安县交界，总面积为 88 平方千米，

罗山主峰

其主峰老仙峰海拔为962米。景区以美、奇、秀、神而闻名。

罗山之名，源于晋代南昌郡的罗文通。他在此修道，广收弟子。罗文通病逝后，弟子们为纪念他，便取他的姓氏为山名，将池山更名为罗山。罗山成为江南名山，还因为谌母元君、许逊真君、欧阳修、朱熹、魏少游等历代名流及许多外国传教士驻足此山。

除了三叠瀑布、九曲洞、山岩水帘香炉、杳公台、仙人洞、欧阳岩、婆子小峰、仙人厨等自然景观外，罗山还有罗山谌母殿、青云寺、许真君殿等人文景观。

16. 丰城龙光书院

龙光书院位于丰城古县治荣塘镇剑池附近，创办于南宋绍兴元年（1131年），宋高宗赵构借龙泉、太阿宝剑寓意赐名“龙光”，距丰城大约10千米。朱熹曾多次来此讲学，使书院声名远播。

龙光书院

书院属砖木结构，前后两进，四合院式布局，建筑面积约8000平方米。大门“龙光书院”匾额由赵构钦赐，长2米，宽0.5米，至今仍保存完好。1912年，书院改为学堂，名为国立学校，被收入《中国书院辞典》。

“文化大革命”时期，书院被毁。2009年修复，中国文化书院院长、北京大学教授、孔子文化协会会长王守常先生亲临设立“国学讲坛”，开坛讲学。

白马寨广角

17. 丰城白马寨古村 >>>

白马寨位于丰城市张巷镇南部，距市区 15 千米，被称为“石雕书法博览园”，是省级重点文化古村。

白马寨建村于南宋咸淳十年（1274年）。村中所保存的古民居建筑以村南明代崇祯十七年（1644年）所建的符卿坊和世联科甲门楼为主线，错落有致地分布着各种明清建筑125幢、巷道64条和匾额122块。整个古村按照八卦图形状布局，如同迷宫一般，陌生人走进去很难再走出来。古建规模宏大，面积为2万余平方米，保存完整且集中，具有典型的江西民居风格。

白马寨明清古建筑群有“四大文化、两大艺术”之说。“四大文化”即商帮文化、军事文化、风水文化、民俗文化；“两大艺术”即石雕和匾额书法艺术。这里每幢房子都有不同字体的匾额。现存的120多块匾额，字体多种多样，洋洋大观，内容多采自四书五经，题材大多为修身齐家、治学及祖训先德等。它们交相辉映，构成了白马寨庞大的书法艺术宝库。

18. 丰城厚板塘古村 >>>

厚板塘位于丰城市东北部的筱塘乡，距城区 20 千米。厚板塘古村始建于明宣德年间（1426—1436 年），为涂姓一支聚族而居。古建面积为 4216 平方米，房屋由南往北纵向排列。“大夫第”建筑群结构复杂，规模宏大，大小三十六天井，巷道平整，山

厚板塘

墙坚固，木雕精美绝伦，花鸟虫鱼，宫殿舟车及人物形象栩栩如生。村中有清军水师提督彭玉麟转赠的太平天国宫廷遗物——40余枚汉白玉衔环兽石墩。

村外地域开阔，青山南耸，河汉密布，白鹭翻飞，荷连争艳，风景秀丽。村内布局整齐划一，精致典雅，古建筑集中连片，保存完整。

19. 靖安中部梦幻城 >>>

靖安中部梦幻城位于靖安县城旁，是中国首座以梦幻元素为主题的大型娱乐、休闲度假旅游区。总面积为4000余亩，划分为“六区一中心”：即少儿梦幻天地区、大众休闲度假区、

靖安中部梦幻城

★ 星级：4A
门票：60元
开放时间：
全年8:00至18:00
交通：7路公交车可直达
电话：18779506888

森林生态涵养区、山地风华颐养区、高端度假会所区、远期发展预留区和游客接待服务中心。

梦幻城有比过山车更神秘、刺激的矿山车，有充满异国风情的荷兰风情园，有江西最大的恐龙园区，有海狮互动表演，有5D影院，使人仿佛进入了一个梦幻般的世界！

20. 靖安宝峰寺 >>>

宝峰寺位于宝珠峰下，始建于唐代天宝年间，后几度废兴，至“文化大革命”期间，基本被毁，用于办学（原寺情况详见本书“马祖兴丛林”一节）。

1992年，释一诚大师应靖安县人民政府之邀开始重建宝峰寺。现在，全寺占地近800亩，建筑面积约为2万平方米。由正殿和配殿构成。正殿位于中轴线上，为五重四进。中轴线最南端，建有庑殿式门楼，为四柱三门七檐琉璃瓦盖顶牌坊。中间大门之上有双龙戏珠半浮雕，上方有“马祖道场”4个行楷大字。一进为山门殿，悬挂着两块门额：一是“宝峰禅寺”，一是“石门古刹”（清光绪年间遗存的石刻）。二进为天王殿，供奉弥勒佛、四大天王和韦陀菩萨。三进为大雄宝殿，系双檐斗拱三大门七开间水泥柱木结构的仿明建筑，正中佛龛上供奉

宝峰寺

着释迦牟尼佛、东方琉璃世界药师佛、西方极乐世界阿弥陀佛，殿后为观音海岛浮雕，两侧塑有五百罗汉和文殊、普贤佛像。四进底层为法堂，上层为藏经楼。五进为马祖塔亭，由两蔸唐桂护卫。各种古碑镶嵌于亭后石壁上。配殿分东西两道：东配殿有钟楼、虚怀楼、客堂、斋堂、上客堂、玉佛殿及祖堂等，西配殿有鼓楼、云海楼、功德堂、祖师殿、禅堂、接引殿、方丈寮以及虚云纪念堂等。大门前面对九龙壁，再前方为放生池，池心建观音阁，两端有慈航桥与陆地相连。有殿堂24栋，塑佛像800余尊。每年冬春两季各举办禅七法会一次。

寺后马祖塔亭为国家级重点保护文物。

21. 奉新百丈寺 >>>

百丈寺是国家AA级旅游景区，坐落在县城西北部百丈山风景名胜区内，是“禅林清规”发祥地、中国佛教十大古寺庙之一，在中外佛教界素有盛名（原寺情况详见“百丈立清规”一节）。

2004年，通过招商引资，时任中国佛教咨议会主席、深圳弘法寺住持本焕大师筹集了1.5亿元人民币修复百丈寺，千年古刹得以重现雄风。现百丈寺总占地面积1164.25亩，建筑面积近5万平方米，气势恢宏，被誉为“世外桃源，别有洞天，中国一流，世界闻名”的禅宗祖庭。

百丈寿与天下清规

江南国际体育健身中心

22. 奉新江南体育健身中心 >>>

奉新江南体育健身中心是国家AA级旅游景区，位于会埠镇境内越山脚下，占地面积达10平方公里。中心集休闲、娱乐、餐饮、住宿、健身、体育于一体，既有自然风光，又有现代特色，乃理想的健身休闲之地。

景区主要是以健身休闲活动为主题，运动项目主要有：沙滩汽车、沙滩摩托、骑马、射箭、漂流、踏水车、水上快艇、橡皮艇、情侣艇、垂钓、登山、高尔夫、网球等；观光项目有：荷兰风车、田园木屋、田园风光、观光农业、绿色长廊、亚热带树木，以及《天工开物》记述的部分实物等。中心提供各种类型的健身器材，任游客选玩，还有各种风味小吃、自采自摘果蔬等。中心有三星级宾馆可供住宿。

23. 奉新宋应星科技文化园 >>>

奉新宋应星科技文化园，位于奉新县城区凤凰山和乌龟山处的明末著名科学家宋应星的故里——宋埠镇、县冯田经济开发区内，占地面积为1000余亩。该园是具有江南园林风格，体

宁应星科技文化园

现奉新农业特色及农村民俗风情，突出休闲度假、科学普及与试验示范相结合的旅游度假区。主要景点有：中心广场、宋应星纪念馆、农耕文化园、苗圃农家乐区、古代民俗实物展示及娱乐区、名人文化园、儿童乐园、竹博园、宾招及垂钓中心休闲度假区等。

24. 高安华林寨—上游湖风景名胜区 >>>

华林寨—上游湖风景名胜区，是省级风景名胜区，国家AAA级旅游景区，位于高安市西北部九岭山脉东南支脉华林山，距市区43千米。风景区总面积为178平方千米，辖三大景区（上游湖国家水利风景区、华林山风景名胜区和伍桥景区）六处独立景点（全国重点文物保护单位朱轼陵园、吴有训科教

【链接·高安华林寨—上游湖】

华林山又名浮云山，是奉新、高安、宜丰三县的交界山，属赣西九岭山系之余脉。华林山是一座道教名山，是奉新道教的发祥地。相传，此地是因西蜀道人李八百在此修炼成仙而得名。石洞上方现有蜀中弟子闽敬中题的石刻，唐宣宗曾题诗云：“道人西蜀来，自谓八百岁。爱此华林幽，穴居聊避世”。华林山是一座军事名山，为历代兵家必争之地。明朝正德年间，陈福一、罗光权、胡雪二领导两万多农民，揭竿起义，以主峰华林寨为大本营，历时四年，攻克数县，震惊全国。

吉安上游湖

★星级：3A
开放时间：2012年1月1日
交通：华林寨上游湖景区客运专线
咨询电话：0795-5677089（上游）、5682108（华林）、5212967（旅游局）

馆、大观楼、七星堆古墓葬群、团山寺大惨案抗日战争纪念馆和米峰度假村）。景区景观主要以奇石洞天、翠湖幽林和史迹胜地为主。主要景观有华林古山寨、丫口石奇观、华林胡氏祖居地、主岭飞瀑、华林漂流、上游湖烟雨、鸬鹚卧波、白鹭幽林、崇元道观、全国最早的私立学府桂岩书院、乾隆帝师朱轼陵园、铁拐李修炼成仙之所八百洞天、瑞相禅院、中国第一颗原子弹模型等102处。

景区最著名的景区八百洞天位于李家岭山腰，海拔为648米。八百洞天巨石突兀，古木参天，石洞连环。李八百“历夏商周八百年，动行则八百里，修炼于华林山石室”。八百洞天因此而得名。景区有炼丹洞、上天石、仙杖黄判、仙靴遗石、诚应亭等遗迹。炼丹洞发掘出商、周、春秋战国、唐等朝代的陶、瓷器皿残片，为古人类活动遗址。

吴有训科教馆位于高安市瑞州公园内，是全国青少年科技教育基地，江西省爱国主义教育基地。科教馆占地50余亩，总建筑面积达5000平方米，馆貌系绿色琉璃式仿古四合院建筑风格。馆内陈列有大型吴有训铜像，党和国家领导人、中外著名科学家和吴有训学生的题词以及中国第一颗原子弹模型等。馆藏各类文物资料近万件。

瑞相禅院古称“瑞相院”，始建于北宋年间，有房屋99间，建筑面积达5000多平方米。禅院后毁于战乱。清代多次重修或改建。2009年，高安市政府再次将其重修。此地主要古迹有：道光花岗岩石、清代墨宝石壁、石佛罗汉菩萨等。

大观楼位于高安市区锦江北岸，省重点风景名胜点。原名锦水奇观楼，始建于北宋元丰年间（1078—1085年）。明万历年间重建，清嘉庆二十年（1815 年）再次重建，改名为大观楼。1966 年 5 月改名为“东风楼”，1980 年恢复原名“大观楼”。2000 年重修，现楼高 21.99 米，宽 16 米，长 65 米，改木质结构为钢混仿木结构。

25. 高安贾家古村 >>>

高安贾家古村是中国历史文化名村、全国特色景观旅游示范名村、江西省乡村旅游4A级景点，位于高安市南面的新街镇景贤风景名胜区，距高安市区28千米。村内古建筑有500多栋，保存较完好的元明清古建筑有300余幢，有堂号的122幢。古村的芦泉湖为省级森林公园。

- **星级：** 4A
- **门票：** 35元
- **开放时间：** 2010年5月1日
- **交通：** 乡村公交直达
- **咨询电话：** 15170529001

贾家古村是中国生态古村落的典型代表，地处江南却兼具北方风格，有“江南古村望畲山”之说。古村融合

贾家古村

佛、道、儒三教，形成独特的畲山贾村地域文化，配上绿色生态园林，组成江南小桥流水古诗画，已成为人们追寻田园生活的休闲旅游胜地。古村游有以村内的古居、古祠、古巷、古书院、庙观为内容的古村落民俗游，以村外田园农耕、果园采摘等农事活动为内容的乡村体验游，以村北芦泉湖水上娱乐和温泉疗养为内容的休闲度假游。

26. 高安白莲山庄园

白莲山庄园全貌

白莲山庄园位于高安市黄沙岗镇，属农业生态休闲度假风景区。景区占地5600余亩，内有一个2000多亩的白莲湖。

庄园的旅游服务项目和设施有：徒步登山、百果园采摘、荷塘垂钓、放风筝、马术体验、野战拓展、四季赏花、丛林寻宝、农活体验、休闲球类运动、青少年科普教育、休闲工夫茶、参观养殖基地、野外生存训练（露营）、自助烧烤、卡拉OK、生态会议、养生餐饮、东亚风情别墅等。

27. 高安元青花博物馆 >>>

青花瓷

高安元青花博物馆是国家三级博物馆，位于高安瑞阳大道，建筑面积约为500平方米，是迄今为止国内外唯一一座以元青花命名的专题性博物馆。馆藏文物1万余件（包括一级文物62件）。其中，元代窖藏青花釉里红瓷器属罕见的元代极品，器物完整，器型硕大，品种较全，造型优美，工艺精湛。馆藏元代青花釉里红瓷器数量在世界各大博物馆名列第三、中国第一，其艺术性、珍贵性、完整性，罕有其匹。

28. 上高九峰森林公园景区 >>>

九峰森林公园是国家AA级旅游景区、省级重点风景名胜区、省级森林公园，位于上高县西南35千米处。因有香炉、天竺、芙蓉、云末、峨眉、清流、翠霞、苍玉、飞云9座奇特俊秀的山峰而

得名。最高峰海拔为801.9米。景区古木参天，秀竹摇曳，池清溪碧，石怪洞奇，禅林古刹，香火缭绕。森林覆盖率高达96%，年平均气温为16.7摄氏度。有植物种类2000余种，动物资源也十分丰富，是动植物资源天然基因库和天然氧吧。

九峰全景

29. 上高镜山公园景区 >>>

镜山公园是国家AA级旅游景区，距县城东1千米处，因山"端圆如镜"而名。镜山有上镜山、中镜山、下镜山三座山峰，

上高会战主战场遗址（付宜强摄）

【链接·不能忘却的历史】

上高会战发生在1941年3月15日至4月9日，历时26天。中国军队在数百里的战线上，以上高为核心阵地，包括安义、奉新、靖安、南昌、新建、高安、丰城、樟树、新余、宜丰等10多个县市在内的广大地区，同日本侵略军进行了一次大规模的会战。这次会战，日军称为"鄱阳作战"或"锦江作战"，中国军队打败了日军两个师团和一个旅团的精锐部队。击毙、击伤日寇2.4万多人，击落敌机4架，缴获大炮18门、机枪96挺、步枪2000多支、战马500余匹以及大量的军用物品。挫败了日军侵略者发动的"鄱阳扫荡战"的计划。会战中，中国军队也付出了沉重的代价，伤亡官兵2万余人。

西枕敖岭，南临锦水。中镜山、下镜山与上镜山对峙形成峡谷——镜山口，320国道贯穿而过，山上松杉蔽日，林深草长，地形极为险要。在1941年发生的“上高会战”中，中国军队就是充分利用这一天然屏障——镜山口，诱日军于镜山以东的广阔地区，大败日军于镜山脚下，镜山口因此被誉为“抗战圣地”。镜山森林公园包括“镜山夜月”“镜山休闲广场”“镜山烈士陵园”“电视发射台”“镜山水库”“镜山寺古遗址”等景观。上高抗日会战旧址作为全省唯一的抗战主题景区，已被列入全国红色旅游经典景区名录。

30. 上高蒙山白云峰峡谷漂流景区 >>>

蒙山白云峰峡谷位于上高县南港镇南部，距县城25千米。白云峰海拔达1004米，被誉为“上高屋脊”。白云峰北麓长达3千米的大峡谷，堪称蒙山的一大奇观，峡谷两岸巨石挺立，林木青翠，飞瀑流泉，云雾缠绕，潭碧水清，鱼跃蛙唱，鸟语花香，宛如人间仙境，是上高县避暑、探幽、观光、休闲的绝境佳地。白云峰大峡谷漂流全长3.6千米，漂流落差达299米，有56个滑道，其中最长滑道有80多米，最高单独落差为22米。由于落差高，整个漂流惊险刺激，令游客惊叫不断，人称“让男人尖叫的漂流”。

门票：198元

开放时间：2011年5月29日

交通：距县城25千米，从上高汽车站乘车去白云峰景区，票价为4.5元，通往景区的道路整修已经开工，将于2014年完工

咨询电话：0795-2531588

白云峰漂流

神山湖

31. 上高神山湖农业生态园 >>>

神山湖农业生态园位于上高县野市乡。园内有 1000 亩水面面积的水库 1 个，20 多亩水面面积的池塘 5 个，山地 1200 多亩，植被良好，四周群山环抱，环境优美，没受到任何现代开发造成的污染。园区农业以水产养殖和特种种植为主，旅游以互动、趣味性和娱乐为主。景点有金龙戏水、茶花园、QQ 农场、垂钓园、九子娘娘庙、烧烤园、婚纱摄影外景基地、汽车音乐广场、农业大观园、水上娱乐中心、水果采摘园等，还有游船等旅游项目。

32. 宜丰洞山景区 >>>

洞山景区是国家AA级旅游景区、省级风景名胜区，位于宜丰县同安乡洞山村，面积为9.68平方千米。景区因为是中国佛教禅宗曹洞宗的发祥地而蜚声海内外。

洞山景区内古木参天，佛塔林立，曲径通幽，清泉潺潺，古迹荟萃，禅风蔚然。景区内现有逢渠桥、木鱼石、夜合石、夜合山塔林、普利寺、中韩曹洞宗法脉源流碑、良价祖师塔等景观20余处。

星级：2A
门票：20元
开放时间：
8:00至17:30
电话：
0795—2765828

翠染洞山（杨泽华摄）

33. 宜丰天宝古村景区 >>>

天宝古村位于天宝乡集镇，距县城 15 千米，是古邑宜丰县城所在地。是“中国历史文化名村”“中国民族优秀建筑文化魅力名村”“中国独具特色名村”“全国生态文化村”“江西省乡村旅游示范点”“进士村”。2010 年入选参加上海世博会中国馆小城镇区展览。

星级：中国历史文化名村
门票：30元
开放时间：8:00至17:30
电话：0795—2929866

古村总面积为 2.5 平方千米，呈船形地貌，明清时期就规划并建设了“内外八景”“六门十三第”“四十八条巷”“四十八口井”，

天宝古村全景（邹嘉摄）

还有古楼 5 座、戏台 3 个、亭阁 2 处、石雕牌坊 17 个、宝塔 2 座、庵观寺庙 17 所、大小祖祠百多栋、龙船 6 艘，等等。古村素有“小南京”之称，现其主要景观有：明清时代古民宅 138 幢，1919 年建设的培根职业学校，26 千米长的石板路，以及古巷、古井、夫妻树、千年柿树等。

34. 宜丰东方禅文化园景区 >>>

宜丰东方禅文化园位于县城东郊，面积达1000亩，由主入口区、禅历史博物馆、禅意园、禅文化研修中心、花岗岩雕五百罗汉像等组成。

东方禅文化园建设曾得到国学大师南怀瑾先生的鼎力支持

东方禅文化园大门

和悉心指导。南先生发动弟子积极支持罗汉像认捐和旅游区公路建设，并为东方禅文化园亲笔题写了园名。

35. 宜丰竹文化园景区 >>>

宜丰竹文化园位于县城东郊的东方禅文化园东侧。占地面积达 160 亩，分为门区、竹种栽培区、竹文化馆区、竹生活体验区。竹种栽培区栽有 219 个竹子品种，共种植竹子 19 多万株。展示区共 78 个竹种，由枝、叶、茎形状较好、观赏性较强的竹种构成。竹文化馆是一座苏州园林式结构的建筑，建有序厅、历史发展厅、资源培育厅、加工利用厅、文化艺术厅、竹工艺作坊、休息购物厅等 7 个展示厅。

宜丰竹文化园

36. 宜丰九天国际生态旅游度假区 >>>

九天国际生态旅游度假区，位于宜丰县西北部的黄岗山垦殖场院前分场，占地面积为1.5万多亩。主要有峡谷漂流、高山拓展、竹林野战、溯溪探险等游乐项目，以及酒店、度假别墅

九天峡谷漂流

等休闲度假场所。九天漂流落差达228米，被誉为“江西最高落差”的峡谷漂流。此地水质一流，风景一流，空气一流，被游客评定为目前江西最具吸引力、最惊险刺激的峡谷漂流。

星级：国际生态旅游度假区
门票：188元
开放时间：6—9月 8:30至17:30
电话：0795-2928666

37. 宜丰官山景区 >>>

官山国家级自然保护区，位于宜丰县西北57千米处，总面积为1.15万公顷。景区内有高等植物2200多种，其中含银杏、南方红豆杉、伯乐树等国家重点保护野生植物14种；有脊动物287种，国家Ⅰ级重点保护野生动物5种。官山夏无酷暑，冬无严寒，森林覆盖率高达93.8%，主峰麻姑尖海拔为1480米。

官山，原名黄岗山洞。明朝万历年间，人称“江西天子”的李大銮、杨青山占领此山作为根据地，率领8万多民众在山上进行操练，后被邓子龙率官军镇压。从此，官府将该山严格封禁，称其官山。官山现存遗迹有聚义厅、回龙卧子潭、点将台、将军屯、试心桥、望风岗、烽火台，将军剑、大銮椅、乌鸦庙和将军洞。

星级：国家级自然保护区
门票：50元
开放时间：8:30至17:30
电话：0795-7133805

宜丰官山

黄檗山

38. 宜丰黄檗山景区

黄檗山位于宜丰县黄岗乡境内，主峰仙姑峰海拔为1404米，为宜丰、万载、铜鼓三县交界山，是唐宋盛极一时的著名禅宗道场，也是中国佛教禅宗5个流派之一——临济宗的祖庭。

景区现有运祖塔、亦苇岸禅师塔、虎跑泉等古迹，以及复建的黄檗寺。景区还保存有唐以来历代僧释墓塔200多座，造型各异，工艺精湛，不但是研究佛教渊源的实物资料，而且堪称我国古代建筑艺术的瑰宝。

黄檗山的茶、竹、瀑、泉也名闻天下，尤其是产于黄檗山的黄檗禅茶，被宋礼部尚书、文阁学士倪思誉为“中州绝品”。

39. 铜鼓仙姑坛景区 >>>

仙姑坛位于铜鼓县南部与宜丰、万载交界处，海拔为 1408 米，距铜鼓县城 13 千米。仙姑坛属生态观光旅游景区，拥有省三星级农家旅馆。景区内青青翠竹漫山遍野，原始森林遮天蔽日，春天山花烂漫，夏天绿荫蔽日，秋天野果累累，冬天银装素裹。

TICKET **门票：**30元
开放时间：全天
交通：良好
电话：0795－8776433

景区有黄檗仙坛、三仙瀑布、天子崖、黄金屋、客家防贼的藏物窖、春米的水碓、住房遗址等景点。

仙姑坛

40. 铜鼓毛泽东化险地

毛泽东化险地位于铜鼓县城西20千米处的排埠镇月形湾村，与湖南省浏阳市张坊镇交界，景区占地面积为200亩。此景区为纪念毛泽东1927年9月9日从浏阳来铜鼓途中，落入国民党巡防队后，在月形湾机智脱险的传奇经历而建。

景区有福地广场、龙须瀑布、吴家祠、毛泽东脱险处等景点。福地广场塑有毛泽东铜像，铜像底座为一级台阶，寓意毛泽东是中华人民共和国的第一代领袖；基座高1.927米，配以进入景区大门和广场进门各9级台阶，寓意毛泽东1927年9月9日在月形湾脱险；像高4.9米，寓意中华人民共和国1949年成立；基座“毛泽东同志”5个字由毛泽东儿媳邵华将军题写。

门票：30元
开放时间：全天
交通：良好
电话：0795－8761134

【链接·毛泽东是如何化险为夷的】

中央文献出版社出版的《毛泽东传》中对这一段故事有较详细的介绍。1927年9月7日，毛泽东在中共浏阳县委书记潘心源的护送下，乔装成安源煤矿采购员，从安源出发，奔赴铜鼓，亲自领导秋收起义。他一路上日夜兼程，绕过敌人重兵把守的萍乡，在9月8日进入浏阳张坊镇七溪村时，被张坊团防局的团丁抓住。团丁要把毛泽东押到民团总部去处死。此时，毛泽东一边同团丁闲聊，一边盘算如何脱险。恰好，押解他的团丁中有一人是湘潭人，同毛泽东是老乡，而且他们是雇佣兵。毛泽东就同他们说，枪毙了我对你们也没有好处，不如给你们几块银圆，把我放了。押送的人同意释放毛泽东，但负责的队长却不允许。见此，毛泽东决定设法逃脱。当来到一个岔路口时，他终于找到了机会。此处位于铜浏交界地，山高林密，地势险要，于是，毛泽东急中生智，猛然从衣袋里抓出一把银圆往路边一甩，自己往左一拐朝山上跑去。团丁们只顾跑去捡银圆，直到发现毛泽东往山上跑，才一边大喊“站住！”一边紧紧追赶。毛泽东利用一个拐弯处跳进路边的水沟里，借着沟边的茅草、灌木作掩护，整个身子躺在水沟里。一直躲到傍晚才从水沟里爬起来。这时，正好山上下来一位打柴人。这位打柴人名叫陈惟德（小名九兴），是铜鼓纸工会的一名会员。在陈惟德的帮助下，毛泽东在吴家祠住了一晚，于9月10日到达铜鼓县城萧家祠，次日在铜鼓大沙洲阅兵，发动了著名的秋收起义。

毛泽东化险福地（邹嘉摄）

41. 秋收起义铜鼓纪念馆

秋收起义铜鼓纪念馆位于铜鼓县城定江东路，曾参加过秋收起义的原中央顾问委员会副主任宋任穷为该馆题写馆名。

秋收起义纪念馆分三部分：秋收起义的背景、秋收起义的爆发、秋收起义星火燎原，再现了毛泽东在铜鼓领导发动秋收起义的历史场景。秋收起义星火燎原部分还记载了彭德怀、滕代远率红五军转战铜鼓以及湘鄂赣省委、省苏维埃政府幽居铜鼓等革命历史。馆内陈列有秋收起义时红军用过的大刀、长矛、枪、炮，以及毛泽东、彭德怀等人用过的日常用品、文件和书籍等；还陈列了大革命时期（1921—1927年）2万余名铜鼓英烈名册、遗物及事迹简介。

秋收起义铜鼓纪念馆正门

42. 秋收起义阅兵广场

秋收起义阅兵广场位于铜鼓县城。阅兵广场为纪念1927年9月11日毛泽东在铜鼓县城大沙洲检阅部队宣布秋收起义而建。秋收起义阅兵广场（旧址）占地面积为36.4亩，建筑面积约为2.5万平方米，广场划分为三大景观区：纪念广场区、休闲活动区、滨江景观区。

秋收起义阅兵广场

43. 铜鼓湘鄂赣革命根据地烈士公园

铜鼓湘鄂赣革命根据地烈士公园，原址在铜鼓县城大桥北端，建于1956年5月，名为革命烈士陵园。1996年4月，经省民政厅批准，迁建于铜鼓县城南中路。现公园总面积为9300平方米，集纪念、教育、休闲为一体，分为纪念广场、休闲广场两部分。纪念广场包括纪念碑及雕塑。两侧的雕塑是铜鼓革命先烈的生动形象。纪念碑高27.9米，寓意1927年9月，碑体由3支步枪组成，象征湘鄂赣三省，“革命烈士纪念碑”7个字由萧克将

铜鼓湘鄂赣革命根据地烈士公园

军题写。休闲广场以图腾石柱为主，以花草树木为辅。以石为柱象征坚强与力量，4 根石柱各立一方，一样的大小，一样的高低，寓意平等、稳定、和谐、自立、自强。4 根柱头顶部雕刻祥云和仙鹤，寓意此处为烈士的安息地，表现了铜鼓人民对他们的缅怀和尊敬。

44. 万载竹山洞风景区 >>>

竹山洞风景区是国家AAA级旅游景区，是“江西十大特色美景”之一。景区位于万载县城东南10千米处，环境优美、气候宜人。景区内有四大地质奇观：长达3985米的地下长河型溶洞——竹山古洞，4000多亩的石笏石林群，约4千米长的特大山体卧佛和温泉。在3平方千米内同时拥有四大地质奇观的景区，在全国乃至全世界都实属罕见。

竹山洞。是一个典型喀斯特地下溶洞，素有“华东第一地

竹山洞（蔡涛摄）

- **星级：**3A
- **门票：**78元
- **开放时间：**每天8点至17点半
- **交通：**景区距县城10千米，在县城南门车站可乘竹山洞旅游公交专线，时间为每天8点至15点半，每1小时一趟；也可在县城打的士去景区
- **电话：**0795-8975481，13979517656

下长河”之称。它南北各有一个洞口。竹山洞素有“洞奇、水秀、石异、色艳”四大特征，是大自然鬼斧神工的雕塑艺术精品。洞内为18摄氏度，常年恒温，冬暖夏凉无寒暑，实为御寒避暑之圣地。

石笋石林。竹山洞洞外山上有一大片石林，有“神猫护洞”“天狗望月”“神马伏骑”等石林景观，惟妙惟肖。竹山洞山顶石林面积巨大，造型独特，观赏性强。据专家考证，溶洞和石林地质年代均为古生代寒武纪，距今约5亿多年，堪称世界石林、溶洞之祖。

特大山体卧佛。位于马步乡寨下村后，离竹山洞仅2千米。大佛全长4000多米，气势非凡。从村部对面的1千米处观赏，大佛似睡未醒，栩栩如生，其头部微往右偏向袁州区方向，头上整齐的发束、宽阔的前额、隆起的眉骨、挺直的鼻子、微张的嘴唇、端正的下颌、下凹的颈部、丰满的胸腹以及斜向上抬起的下肢，线条流畅，清晰可辨，令人惊叹。

鲁塘温泉。位于万载县竹山洞风景旅游区的马步乡宝石村，距县城约7千米。流量为每秒30升，水温达31摄氏度。水色透明，无色无味。

45. 万载仙源湘鄂赣红色旅游景区 >>>

万载仙源湘鄂赣红色旅游景区，是国家AAA级旅游景区、国家重点文物保护单位，位于万载县的西部偏北仙源乡，距县城50千米。

1932年4月12日，湘鄂赣省委、省苏维埃机关和其他省直机关由修水迁到仙源，当时的仙源有“小莫斯科”之称。2004年

湘鄂赣省委旧址（邹嘉摄）

10月21日，在由红色之旅万里行组委会与江西省旅游局主办，《江西日报》、《江南都市报》、大江网协办的“江西百姓喜爱的十大红色旅游景点”评选活动中，仙源乡“中共湘鄂赣省委、省苏维埃政府旧址群”以排位第五名入选。

景区内现存有大量的革命遗址、遗物，红色旅游资源非常丰富。还有众多人文景观和自然景观，有名贵古树和珍稀动物，以及景色宜人的仙人湖等。

46. 万载九龙原始森林景区 >>>

万载九龙原始森林景区，位于万载县九龙垦殖场原始森林区，距县城30千米。区内千沟万壑，古木参天，山高林密，森林覆盖率高达92%，以大面积的常绿阔叶树著称，满山树木葱郁葱绿，林相结构层次分明。

星级：省级森林公园，3A景区创建已通过省验收

门票：88元

开放时间：每年5月至10月，每天7：30—16：30

交通：景区距县城34千米，在县城东门车站可乘景区旅游公交专线，时间为每天7：20、10：30、15：40，共3趟；也可在县城打的士去景区

电话：0795-8282008，13970552815

万载九龙原始森林漂流（蔡涛摄）

林内动植物众多，木本植物有35科126种，属国家级和省级保护的有南方红豆杉等10余种；野生动物有68种，国家级保护动物有白鹇，苍鹰、鸳鸯等。景区内的九龙漂流位于九龙沟，两岸青山对峙，河道狭长，最窄处不足2米，漂流全长8.8千米。漂流时而波澜不惊，美丽如画；时而浪高水急，险象环生，且弯多路窄，是极佳的旅游漂流地。

（三）潜力旅游资源

宜春市还有许多正在开发和有待开发的旅游资源，或是秀山丽水，或是奇石怪洞，或是古迹遗址，或是人文景点。这些资源一旦开发，必将给宜春旅游增加更多精彩的看点和闪光的亮点，吸引更多的游客来宜春旅游。

1. 袁州慈化寺 >>>

袁州慈化寺，位于袁州区西北 50 千米处的南泉山内，由开山祖师普庵禅师始建于南宋乾道二年（1166 年），因位于南泉山，又称南泉寺。原寺占地面积为 6 万余平方米，拥有僧侣千余名。

袁州慈化寺

袁州飞剑潭国家水利风景区

明洪武十八年（1385年）赐建龙亭一座，御书“天下第一禅林”。后寺被毁，遗迹尚存，寺内至今还存有千人锅、鼻涕钟等文物。近年来，相关单位对慈化寺进行了整修、扩建，使之初具规模。

2. 袁州飞剑潭国家水利风景区 >>>

飞剑潭位于袁州区西北部，距市区32千米，最大水面面积达1.2万亩。据史料载：唐王将军坐潭上，坠剑入潭，故名飞剑潭。一说，吕洞宾曾在此下棋，剑失，吕一跺脚，跺出一潭，故名飞剑潭。

飞剑潭山势形状特异，水无污染，湖光潋滟，空旷悠远。主要景点有大坝风光、石帆挂月、溜剑潭、杨泗庙，虎啸吼池、小石林、飞虹渡水、狐狸山、龟山、溶洞、生态林、狮山耸翠、狮神谷、仙女跳台、生态村等。

3. 袁州丰顶山 >>>

丰顶山位于袁州区洪塘镇，主峰海拔高959.8米。相传在东晋安帝时期，曾有汤、周两县令弃官修道于此，故名“汤周山”。此二人在峰顶修建书院，得道成仙，后人以书院名改山名为峰顶山。20世纪70年代，为取丰收之意，将“峰”改为“丰”。峰侧有东庵庙，始建于公元420年至427年。庙的门楣横批“第一名山”四个大字为南朝武帝刘裕所封。

丰顶山万亩竹海，山泉清澈，瀑布成群，空气清新。

4. 袁州庄溪溶洞 >>>

庄溪溶洞位于袁州北部丰顶山，距宜春中心城约 35 千米。庄溪洞轴线长 7500 米，面积达 1000 平方米以上的洞厅有 10 余个。洞内布满了大大小小的颜色艳丽、质地纯正的方解石、钟乳石和石笋，宛若巧夺天工的艺术品。该洞目前正在开发之中。

5. 樟树筑卫城遗址 >>>

樟树筑卫城遗址，是全国重点文物保护单位。位于樟树市东南 9 千米的大桥乡洪光塘村东土岗上。据史料载："乡民筑城以自保"，因而得名。城垣东西宽 410 米，南北长 360 米，城最高处达 20 余米。面积为 14 万平方米。

该遗址文化堆积厚约为3—4米，包括新石器时代、夏代、商代、西周、春秋、战国6个时期的文化堆积，上限距今约4500

【链接·筑卫城的历史传说】

在中国古代社会中，"造城以守君，筑郭以卫民"具有重要意义，历代统治者都将营建都邑看作立国安邦的一项根本大计。相传，在中国原始社会解体之时，黄、炎两帝本是亲兄弟，后来为了各自利益发生了激烈战争，最后黄帝打败炎帝，从此炎黄合为一家，成为中原地区最强大的部落联盟。那时，盘踞在江淮流域的东夷首领蚩尤根本不把黄帝放在眼里，坚决与之抗衡。传说蚩尤武艺十分高强，他有兄弟81人，全都是人的身体、牛的蹄子，铜头铁额，长着 4 只眼睛、6 只手，能制造各种兵器。蚩尤部族在各地构筑高大城郭，以备大战，各地城垣称之为"筑卫城"。双方大战，蚩尤初得胜，后以黄帝胜利而告终。黄帝从此声名大振，其余部落纷纷归顺于炎黄，然旧城垣依存。

筑卫城

年，是我国保存最完整的早期文明时期大型土城之一。该遗址出土的文物标志当时尚处“刀耕火种”原始农业阶段。

6. 樟树吴城遗址 >>>

吴城遗址是全国重点文物保护单位。位于樟树市西南44千米处的山前乡吴城村。遗址总面积为4平方千米，遗址中心是一座61.3万平方米的商代中晚期都邑古城，是长江以南首次发现的大规模商代人类居住遗址。

该遗址文化堆积厚2—3米，遗址具有中原文化因素的文物、遗迹的出土，否定了“商文化不过长江”的论断。

该遗址已被列入国家“十二五”抢救性文物保护规划，获国家级保护性开发立项，目前正着手编制规划。

7. 丰城龙雾洲 >>>

龙雾洲又称龙凤洲，地处丰城市同田乡，洲地面积为4.1平方千米，有耕地5430亩。洲上林木苍翠，景色宜人。洲上“海觉寺”是唐代海觉禅师禅林寺院之一，现除正殿外，余者均废。洲上还建有龚公楼、雪波（宋代状元姚勉）旧寓、云间书院、壁山书院、中洲书院、映奎书院等诸多名胜。

8. 丰城始丰山 >>>

始丰山位于丰城市秀市镇中湾村委会李家村与洛市镇交界

处，海拔达136米，唐时期列入“三十三福地”，宋时期列入“三十七福地”，是我国历史上七十二福地名山之一。山上原有白玉蟾题刻石壁，以及许真君、文箫、甘战、吴彩鸾和雷焕等仙家在此炼丹隐居遗留下来的丹炉、仙坛、药臼、药池、石棋局、油盐米罐等遗迹、遗物。

9. 丰城仙姑岭 >>>

仙姑岭又名密岭，地处丰城市曲江镇北部与上塘镇南端交界处。面积约为3平方千米，主峰海拔为151米。山上古木参天，松风猎猎，景色如画。山上建有“归云寺”，每年农历十月十七至十九日为庙会节庆；山下建有进山牌楼，石额刻有“地接衡庐”。1949年5月24至27日，中国人民解放军第十三军、十四军在此与国民党军激战4个昼夜，全歼国民党盘踞在河西的3个师的兵力，取得了解放丰城的决定性胜利。

10. 丰城龙头山 >>>

龙头山位于丰城市老城区赣江下流西岸5千米处，海拔为110米，东西走向，蜿蜒2千米，是赣江两岸的一座历史名山。山下有一个“金翁潭”潭洞，穿越山体2500米，直接龙雾洲海觉寺古井，人称“仙水”。李梦阳、朱熹、高岑、王士祯、姚勉等历代文人学士慕名登游，于此写下了数十首诗篇。山顶建有曲江亭，曾是名人吟诗作画讲学之所，朱熹、李义山、姚勉先后在此讲学。清建“龙山书院”。山上还有海慧寺、回龙寺、住持寺等名胜古迹，山下有金花潭、矾湾、白洲、南沙岸、古渡口等胜景。

11. 靖安树化玉文化产业园 >>>

树化玉文化产业园，位于靖安县香田乡，规划面积为318亩，建设用地为80亩。园中有各种树化玉产品和一棵长达33米的玉树。该项目建设内容有：树化玉展览馆、树化玉文化馆、树化玉加工厂、树化玉广场和五星级酒店。

12. 江西靖安武侠世界文化产业园区 >>>

武侠世界文化产业园，位于靖安县仁首镇象湖村，规划面积约为 1.55 万亩。该文化产业园致力于打造武侠影视基地、武侠文化影视产业园、武侠主题公园、侠文化展示体验聚集区和侠文化主题旅游休闲度假等复合型主题文化园区，争取跻身国家 AAAAA 级旅游区。

13. 靖安金银岛影视文化城 >>>

金银岛影视文化城，位于靖安县水口乡腾丰村长源组，占地1500亩，拟建6个分项工程，分别是江南庭院、江南官邸、新海派风格影视树、红豆杉观光园、风景木屋以及房车俱乐部。

14. 靖安白崖山景区 >>>

白崖山位于璪都镇西北部与武宁县交界处，武宁叫严阳山。最高峰白崖山海拔为1522米。景区内有千奇百怪的石景，山巅有一深潭，名曰“鸡婆潭”，人称“天池”，面积均为六七亩，潭水清澈，久旱不涸。

15. 靖安清官文化博览园 >>>

靖安是古代三大清官之一——况钟的故乡。清官文化博

览园将传统儒家文化、青天文化、道德教化、现实感悟融为一体，以蜡像、诗词、戏曲、场景展现为载体，建设成集爱国主义教育、廉政教育、青少年教育为一体的品牌性教育基地。

全园分主题园和辅助园区、蜡像区、戏曲演示区、多媒体展示区，利用现代化的技术手段，再造场景，再现生活，把古代的清官事迹、现代的贪官行径予以展示。

16. 靖安中源温泉 >>>

中源温泉，是AAAA乡村旅游示范点，位于靖安县西南中源乡。境内地势高峻，年均气温为14—15.8摄氏度，人称“身上无棉，莫上中源”，又称“小庐山”。泉水常年保持30摄氏度，流量稳定，低矿化，对康体、护肤有一定疗效。

17. 靖安宝峰寺国际禅修中心 >>>

宝峰寺国际禅修中心，位于宝峰寺内，建成后有禅修用功房、修行区域，形成一道既有禅修体验又有休闲观光的禅修文化带，吸引了国内外众多禅修爱好者来此体验禅修。

18. 奉新张勋庄园 >>>

张勋以他导演的1917年为期12天的清帝宣统复辟而名动天下。现此地保存的庄园为1918年后所建，占地2万多平方米，建有光禄大夫第、资政厅、建武第、谦六堂家塾、膳房等，建筑精美。电视剧《聊斋》曾在张勋庄园取景。

19. 高安寮山摩崖石刻 >>>

寮山坐落于高安太阳镇与灰埠镇交界处，主峰寮山岭海拔为400米。有石刻题记15条，均为不规则行书，单线平刻；岩画

8幅，内容主要为虎、猫、犬、马、鱼、麒麟、佛像等，其中双马岩画雕刻粗犷简练，形神兼备。

20. 中国（高安）食品博览园 >>>

中国（高安）食品博览园，位于高安市大城昌西文化产业园，总面积达1万亩，是集旅游观光、会展、宾招、商贸、物流为一体的大型、复合型商业地产，建设项目主要有：会展中心、星级酒店、美食街、物流中心等。

21. 高安江西大城昌西文化产业园 >>>

位于高安市大城昌西文化产业园，占地面积约为5000亩，是集旅游观光、运动休闲、宾招、购物为一体的项目。项目主要分为户外运动休闲基地、小球运动休闲基地、航空科普休闲基地、生态养生基地、建筑文化区、综合服务区等6个区域。

22. 上高蒙山古银矿遗址 >>>

蒙山古银矿遗址位于上高县城南30千米、海拔为1000多米的蒙山“太子壁”。蒙山银矿经历了宋、元、明三朝开采，距今已有800余年的历史，前后开采近200年。在“太子壁”方圆15千米范围里，有矿井20余个。大井垂直深度为140米，水平长度为170米，小井则为十几二十米深。在这片矿区内有冶银场1个、蒙山银场提举司遗址1个、“太子祠”1座。

上高蒙山古银矿

23. 上高蒙山圣济寺 >>>

蒙山圣济寺，宋治平元年（1064 年）赐额“圣济梵刹”，与九峰崇福寺齐名。元、明两代因兵乱寺院多次被毁。清顺治间（1644—1661 年）由思懒融和尚集门下诸僧募捐重建。寺分前后三进，自下而上，雄伟壮观。嘉庆时有御赐“圣济梵刹”“唐朝佛国”两块碑石矗立山门左右。

24. 上高大观塔 >>>

大观塔，位于县城东南2.5千米的锦江南岸塔下村。大观塔为七级八面，重檐楼阁式砖石结构，高46.53米。顺时针盘旋可通塔顶。塔间四向，三面开有门窗，一面设有佛龛。

25. 上高狮子垴遗址 >>>

狮子垴遗址位于上高县敖山乡晏家村。面积约为3万平方米。文化堆积层厚度为60厘米左右，是新石器晚期至商周时代的遗址，距今已有4000余年。

26. 宜丰潭山尾水岭温泉 >>>

潭山尾水岭温泉，位于宜丰县潭山镇西南约2.5千米处的尾水岭，距宜丰县城直线距离约为13千米。

温泉出自尾水岭东西向的谷地中，温泉水温常年保持在25摄氏度左右，泉流量为0.6升/秒，属低温热水。此地温泉水属低矿化度重碳酸钙钠型水，还有锶、锂、偏硼酸、氡等有益成分。

27. 铜鼓汤里温泉 >>>

汤里温泉，位于铜鼓县大塅镇隘口村，离县城38千米。温泉水来源于180多米深的白垩系岩层断层内的低矿化度温泉，日出水量达800多立方米，水温在68—70摄氏度左右，富含硫黄，长期在此泡温泉对人体健康非常有利。

目前，此地正按照“神奇汤里梦里桃源”的理念实施开发。

CHAPTER 3

行在宜春

——便捷称心

宜春交通便利，境内京九铁路纵贯南北，浙赣复线横卧东西；形成以沪昆、大广、赣粤、昌长高速公路和320、105国道为主骨架的公路网络，还拥有宜春明月山机场，以及即将营运的杭长高铁，便捷的交通助您出行更顺畅。

一 翱翔蓝天至宜春——航班信息

宜春明月山机场于2013年6月26日建成通航，属国内支线机场，占地1921亩。

本期工程建设规模飞行区按4C标准设计，中期按4D标准规划，设计机型为B737、A320。设计目标年为2020年，预测年旅客吞吐量达40万人次、货邮吞吐量为2400吨、飞机起降5000余架次。

目前开通了昆明—宜春—上海航线。航班时间：每天9:50从昆明起飞，12:00抵达宜春，12:50从宜春起飞，14:20抵达上海；15:25从上海起飞，16:55抵达宜春，17:35从宜春起飞，19:50抵达昆明。机场咨询电话：0795-3600114。

二 风驰电掣进宜春——铁路情况

宜春新火车站综合交通枢纽位于宜春市袁州新城内，占地370亩，建筑面积约为15万平方米，分地上、地下两部分。地上部分以高铁主站房和站前广场为核心，沿沪昆铁路由北侧展开，西侧布置配套用房，东侧布置换乘枢纽中心、长途汽车站和公交车站，建筑面积达6.9万平方米。地下部分建筑面积为8.1万平方米，共有配套停车地下室、站前广场地下室、长途汽车站地下室3个分区。宜春新火车站综合交通枢纽设计日平均旅客发送量达1万人次。宜春新火车站综合交通枢纽集高铁站、普铁站、长途汽车站、公交车站、出租车站“五站一体”，实现旅客全室内、零距离换乘车辆。这是江西省设区市第一家高铁车站，也是江西省第一家“五站一体”的大型车站。宜春火车站共有53趟列车，其中含动车组6趟、普通列车47趟，慕名而来的游客可以自由选择自己所要到达城市的车次。

宜春铁路客服电话：0795-12306。

三 八方云集到宜春——公路客运

宜春公路客运也很方便。宜春汽车运输股份有限公司，拥有运行车辆1588辆、客运班线529条，覆盖广东、福建、湖南、浙江、湖北、上海等多个周边省、市，年运送旅客900万人次，年客运周转量达17.56亿人千米。宜春市10个县（市、区）均设有分支机构，前往各县市的景区、景点很是方便。

四 便捷出行逛宜春——城区交通

宜春城区交通十分便利，营运线路将近30条（不含郊区线）可以到城里的任何景点，其中含明月山、温汤旅游线路2条。初步形成了宜春城区三纵四横、多线往返、重点突出、衔接合理、安排有序的城市公共交通网络。公司咨询电话：0795-3231764。

宜春市公交出租车公司有100辆出租车的运力指标，主要担负着中心城区和近郊的出租车业务。咨询电话及时间：0795-3567000、3561000，每天8：00-17：30，节假日除外。

出租车价格，起步价为（2千米内）5元；夜间为（23：00—次日6：00）6元；超过2千米里程价格提高0.3元，即每千米1.2元调整为1.5元，夜间里程价由1.5元调整为1.8元，并在运价外向乘客收取1元出租车燃油附加费/车次。

出租车实行计时、计程并用的计价方式，在载客营运途中因非承运人责任或应乘客要求停车等候时，将收取规定的费用。

由此可知，来宜春旅游，便捷又称心。

宜春旅游资源丰富多彩，有山岳、温泉、寺庙、漂流、溶洞、古村落等，是充满诱惑力的旅游好去处。宜春正着力打造“四大特色板块”。中心城区观光休闲度假旅游区：以明月山温泉风景名胜区为中心，包括中心城区、万载县，主推月亮文化、禅宗圣地、温泉度假等旅游线路；九岭•官山生态休闲旅游

CHAPTER 4

游在宜春

——开心之旅

区：包括铜鼓县、宜丰县、上高县、高安市北部和奉新县西部，主推绿色生态、红色教育、禅宗文化等旅游线路；环南昌乡村风情休闲旅游带：涵盖靖安县、奉新县东部和高安东部，主推体育竞技、绿色生态、禅宗文化等旅游线路；丰樟高养生文化体验旅游区：由丰城市、樟树市和高安南部构成，主推城市旅游、康体养生、道教文化等旅游线路。

一 特色线路

宜春利用明月山机场通航、沪昆高铁在建、昌长高速及明月大道通车等交通利好条件，按照旅途时长，编制、设计了20余条精品线路（您也可根据个人喜好畅游宜春）。目前，其主打线路有以下5条。

（一）市区观光一日游

袁州谯楼—化成寺—宜春花博园—宜春博物馆—禅都文化博览园。

（二）精品景区两日游

第 1 天：明月山温泉风景名胜区—到天沐·明月山温泉度假村或明月山维景国际温泉度假酒店体验温泉（宿天沐或维景酒店）；

第 2 天：酌江风景区—宜春花博园—化成寺—袁州谯楼。

（三）黄金度假三日游

第 1 天：明月山机场—明月山温泉风景名胜区—到天沐·明月山温泉度假村或明月山维景国际温泉度假酒店体验温泉（宿

天沐或维景酒店）；

第 2 天：万载县竹山洞景区—宜丰县天宝古村—奉新县百丈山景区—奉新县仰天峡漂流—靖安县中部梦幻城景区（宿靖安县）；

第 3 天：靖安县三爪仑景区（宝峰寺、高山滑水、丛林野战等）—昌北机场。

（四）欢乐休闲四日游

第 1 天：昌北机场—靖安县三爪仑景区（宝峰寺、高山滑水、丛林野战等）—靖安县中部梦幻城景区（宿靖安县）；

第 2 天：奉新县百丈山景区—铜鼓县天柱峰景区—秋收起义铜鼓纪念馆（宿铜鼓县）；

第 3 天：宜丰县洞山景区—上高县白云峰漂流—酌江风景区—到天沐·明月山温泉度假村或明月山维景国际温泉度假酒店体验温泉（宿天沐或维景酒店）；

第 4 天：明月山温泉风景名胜区——明月山机场。

（五）深度养生五日游

第 1 天：明月山机场—仰山栖隐禅寺—明月山兰若古村—梦月山庄（宿梦月山庄）；

第 2 天：明月山温泉风景名胜区潭下景区—天工开物园—到天沐·明月山温泉度假村或明月山维景国际温泉度假酒店体验温泉（宿天沐或维景酒店）；

第 3 天：酌江风景区—宜春花博园—禅都文化博览园—宜春博物馆（宿中心城区）；

第4天：樟树市阁皂山景区—中国古海养生旅游度假区（宿樟树市）；

第5天：樟树市三皇宫景区— 高安市畲山贾家古村—丰城市丰水湖景区—昌北机场。

二 必游景点门票

序号	所在地	名 称	等级	票价 元/人
1	明月山温泉风景名胜区	潭下景区（不含缆车、观光车）	国家4A级景区	120
2		明月山大峡谷漂流		198
3		明月湖漂流		118
4		天工开物园		60
5		天沐·明月山温泉度假村（温泉）		268
6		明月山维景国际温泉度假酒店（温泉）		288
7		江西省宜春市山水温泉疗养院（温泉）		138
8		温汤工人疗养院（温泉）		98
9	袁州区	宜春花博园	国家3A级景区	60
10		酌江风景区		70
11	樟树市	中国古海养生旅游度假区（温泉）		339

12	靖安县	中部梦幻城景区	国家4A级景区	60
13		金罗湾漂流		60
14		金罗湾水上乐园		120
15		丛林野战		78
16		九岭滑水		30
17		滑 草		15
18		神仙谷冲浪漂流		60
19		观音岩景区		60
20		白水洞景区		60
21	奉新县	仰天峡漂流		198
22		萝卜潭景区	国家2A级景区	30
23	高安市	畲山贾家古村	中国历史文化名村	35
24		八百洞天景区	国家2A级景区	25
25	上高县	江西白云峰漂流		198
26	宜丰县	九天漂流		188
27		官山景区	国家自然保护区	50
28		天宝古村景区	中国历史文化名村	30
29		洞山景区	国家2A级景区	20
30	铜鼓县	天柱峰景区	国家3A级景区	80
31		毛泽东化险福地景区	江西十大红色旅游胜地	30
32		仙姑坛旅游度假村		30
33	万载县	竹山洞景区	国家3A级景区	78
34		九龙原始森林漂流		88

说明：以上景区（点）的门票挂牌价如有变化，请以实际价格为准。（如节假日期间景区推出的免票或门票打折等优惠政策）

三 其他旅游景区景点情况一览表

序号	所在地	名 称	等 级
1	明月山	仰山栖隐禅寺	沩仰宗祖庭
2	中心城区	体育中心	国家2A级景区
3		袁州谯楼	全国重点文物保护单位
4	樟树市	阁皂山景区	国家2A级景区
5		三皇宫景区	国家2A级景区
6	丰城市	丰水湖景区	国家3A级景区
7		生态硒谷景区	国家2A级景区
8	奉新县	百丈山景区	国家2A级景区
9	高安市	华林寨—上游湖景区	国家3A级景区
10	上高县	镜山景区	国家2A级景区
11	万载县	湘鄂赣红色旅游景区	国家3A级景区

四 自驾游之行程

（一）从湖北出发

以武汉市为起点，分别前往明月山温泉风景名胜区和靖安县三爪仑景区：

1. 武汉市（武黄高速）—黄石市（大广高速）—新余市（沪昆高速）—宜春市（宜春出口下）—明月山温泉风景名胜区；

2. 武汉市（武黄高速）—黄石市（大广高速）—宜丰县天宝乡（昌铜高速）—靖安县（靖安出口下）—靖安县三爪仑景区。

（二）从广东出发

以广州市为起点，分别前往明月山温泉风景名胜区和靖安县三爪仑景区：

1. 广州市（广惠高速）—惠州市（赣粤高速）—赣州市（广大高速）—吉安市（大广高速）—新市余（沪昆高速）—宜春市（宜春出口下）—明月山温泉风景名胜区；

2. 广州市（广惠高速）—惠州市（赣粤高速）—赣州市（广大高速）—吉安市（大广高速）—宜丰县天宝乡（昌铜高速）—靖安县（靖安出口下）—靖安县三爪仑景区。

（三）从湖南出发

以长沙市为起点，分别前往明月山温泉风景名胜区和靖安县三爪仑景区：

1. 长沙市（京珠高速）—株洲市（潭醴高速、昌金高速）—宜春市（西村出口下）—明月山温泉风景名胜区；

2. 长沙市—浏阳市—铜鼓县（昌铜高速）—靖安县（靖安出口下）—靖安县三爪仑景区。

（四）从上海出发

以上海为起点，分别前往明月山温泉风景名胜区和靖安县三爪仑景区：

1. 上海（沪杭高速）—杭州市（杭新景高速、杭金衢高速）—上饶市（梨温高速）—南昌市（沪昆高速）—宜春市（宜春出口下）—明月山温泉风景名胜区；

2. 上海（沪杭高速）—杭州市（杭新景高速、杭金衢高速）—上饶市（梨温高速）—南昌市（沪昆高速）—南昌西（绕城高速西外环枢纽转昌铜高速长沙、安义方向）—靖安县（靖安出口下）—靖安县三爪仑景区。

（五）从浙江出发

以杭州市为起点，分别前往明月山温泉风景名胜区和靖安县三爪仑景区：

1. 杭州市（杭新景高速、杭金衢高速）—上饶市（梨温高速）—南昌市（沪昆高速）—宜春市（宜春出口下）—宜春明月大道—明月山温泉风景名胜区；

2. 杭州市（杭新景高速、杭金衢高速）—上饶市（梨温高速）—南昌市（沪昆高速）—南昌西（绕城高速西外环枢纽转昌铜高速长沙、安义方向）—靖安县（靖安出口下）—靖安县三爪仑景区。

袁州刺史韩愈曾经在其诗中赞道："莫以宜春远，江山多胜游"，宜春的美景确实是说不完、看不够、游不停的，伴随着航空、高铁、高速的通航通车，宜春将离您越来越近，游客朋友们，来吧！来宜春共赏一轮明月、共沐一炷禅香、共享一泓温泉，共启宜春养生休闲之旅！

CHAPTER 5

吃在宜春

——大快朵颐

宜春物阜民丰，古称“农业上郡”。宜春四季分明，春多雨、夏炎热、秋干燥、冬潮冷。由于环境气候所致，宜春的饮食习惯多喜香辣和偏爱咸鲜，口味注重浓郁。因与湖南相连，宜春的饮食在制作方法上偏近于湘菜，无论是炖、炒、卤、炸、烩，还是蒸、烤、醉、炙、熘，都能体现浓厚的湘赣风味。

一 餐饮文化有说头

宜春传统筵宴掺杂了湘菜风味，有宜春“三点水”酒席，上高蹄花酒席，高安“朱公”酒席，樟树围碟席和碗席，丰城的墨海席和水席，奉新“四碗四盘”席，宜丰的“八碗两点”、“五头酒”席，铜鼓的牲席和“十碗八碟”席，万载的“三仙席”和“四碗走席”。随着新时期饮食文化的不断变化，许多传统筵宴或已失传，或已简化，但同时也涌现出结合当地特色文化、采用当地食材的新菜肴，如宜春的明月宴、樟树的药膳宴、高安上游湖的全鱼宴等。下面着重为大家介绍一些宜春的特色菜肴：

（一）宜春“明月宴”系列菜品

宜春博能宾馆结合本地食俗，专门设计、制作了宜春“明月宴”，在色、香、味、形以及器皿、灯光、音乐、服务等方面体现月亮文化的独特韵味，荣获了2011年江西省赣菜“创四百工程”最佳创意奖牌宴。其主要菜系有：

1. 明月情丝（六碟冷盘） >>>

主 料：海蜇头、皮蛋、莴笋、基围虾、香肠。

明白情丝

2. 嫦娥沐浴（月文化）>>>

主 料：明月山石蛙。

嫦娥沐浴

3. 泉水豆腐（泉文化）>>>

主 料：南庙嫩豆腐。

泉水豆腐

4. 菜名：六龟拜月（山文化）>>>

主 料：乌龟。

六龟拜月

5. 花好月圆 >>>

主 料：鳜鱼。

花好月圆

6. 禅心普照（禅文化） >>>

主 料：南瓜泥、青菜泥。

禅心普照

7. 龙王驾月 >>>

主 料：大龙虾。

龙王驾月

（二）老表土鸡汤

老表土鸡汤属赣菜系袁州菜一支，为宜春市袁州区特色菜，因其味道鲜美兼具滋补养身的神奇功效而被列入“十大赣菜”之一。老表土鸡汤的主料土鸡为袁州当地特产——袁州土鸡。传说元朝末年，朱元璋在鄱阳湖上讨伐陈友谅，却兵败

老表土鸡汤

西退，逃到赣西的一个村庄，好心的村民杀了家中仅有的一只土鸡，给朱元璋等人炖汤喝以解其饥渴。在得知该村村民都姓陈后，朱元璋高兴极了，表示凤阳老家的娘舅也姓陈，如此说来，大家还是姑表兄弟！自此双方都亲切地称呼彼此为“老表”。“江西老表”就由此而来，老表土鸡汤也从此成了江西一道原汁原味的农家菜，并闻名遐迩。

（三）鸡公嘎嘎

又名鸡公蛋，宜春话中“嘎嘎”就是蛋的意思。这道菜名外地人一听估计会被吓到，公鸡怎么会下蛋？实际上这是极具宜春特色的一道菜。在那个生活困难的年代，聪明的宜春主妇为了满足孩子们嘴馋想吃蛋的要求，将红薯粉与水和在一起，然后放在锅里炸，跟炒鸡蛋一样炒，再放点大蒜和辣椒等调味品，美味独特。

鸡公嘎嘎

（四）宜春慈化鸡

本叫酸辣鸡，偏辣带酸，营养丰富，味道鲜美。相传很久以前，袁州慈化镇有个穷书生，在外求学回家过年，途中风雪交加，感染风寒。回家后，他的母亲把过年杀好的鸡与坛子里的酸椒、大蒜、米醋烧成一碗，给他吃。书生胃口大增，吃得满头大汗，第二天风寒就好了。后来，该书生当了官，但母亲已逝，为了纪念母亲、怀念家乡，便将此酸辣鸡取名为“慈化土鸡”，也叫“过年鸡”。

（五）樟树药膳

药膳在樟树有悠久历史，以集本草、食疗、养生于一体而闻名遐迩，现经开发已形成上百个品种，如：天麻童子鸡、首乌补血蛋、神农八宝饭、莲子百合肉等，分别有益气补髓、养血生精、补益肝肾、健胃和中等功效。这既是药中珍品，又是食中美味，具有强身健体、延年益寿之功效。

望津楼下甲天下

阁山日出

养颜冬瓜盅

二 经典小吃有味道

宜春特色小吃品种丰富，独具特色，大都利用本地原材料加工制作。袁州的皮蛋、艾米粑、扎粉、米面和唆螺，丰城的纠叽、冻米糖，樟树的清汤和冻粉，宜丰的烧卖，奉新的米糖，铜鼓的包圆和干子等等，都是非常可口的特色食品，口味甚好。

（一）袁州小吃

1. 炒扎粉 >>>

炒扎粉原料是大米，经过浸米、磨浆、滤干、采浆等工序，做成一片一片的米粉，晒干后捆扎成一扎扎，故称扎粉。炒扎粉前，将干扎粉用温水浸发至手捏不易断，抓一把竖起来不易软倒为止。然后，加入瘦肉丝、小白菜、嫩南瓜丝（或空心菜），再加入少许汤料、酱油、红椒末，呈金黄色后，再放进扎粉拌炒，拌匀起锅。宜春的扎粉，炒法看似简单，但由其水土所孕育出的独特的韧性和香气，却是其他米粉所没有的。

炒扎粉

2. 麻辣烫 >>>

麻辣烫属街头小吃，其形式与南昌街头的油炸小摊大致相同，只不过烹调方式有异。将一口大锅放在炉子上，在锅内放有各式串好的鸡杂、牛杂、小肠、大肠及各种鱼丸、肉丸、粉丸、豆腐干等等。锅中加好滚沸的老汤，然后，还可随意涂些各式调料，吃起来又麻又辣又烫，且价格便宜，味道各异，俗称“街头麻辣烫”。

3. 麻糍

麻糍主要是由糯米蒸熟后放入石臼中用木器捣烂而成，色泽纯白，制成各种形状后，可蒸熟放入白糖或芝麻等，也可煎炸着吃。麻糍既是平时小吃，也是宜春人喜庆过年时的特色小吃之一。

4. 艾里粑

艾里粑是宜春当地常见的一种小吃，一般在清明节时采摘鲜嫩艾草，捣烂后与米粉相搅拌，反复揉搓成干湿适中的泥状，再根据各人喜好捏成小圆球、小圆锥、小圆饼……旺火蒸熟，咬上一口软糯醇香，倘若拌上加糖的熟豆粉，就更加味美香甜了。

艾里粑

5. 炒啖螺

将洗净剪去螺尾后的田螺放上辣椒、葱、蒜、豆豉、盐等调味品一起焖炒，这是宜春街头小吃档里的招牌菜。因为大家围坐在一起“啖”（宜春话，就是吸的意思），所以宜春人把吃炒田螺叫作“啖螺”，十分形象。

炒啖螺

（二）樟树小吃

1. 樟树清汤

樟树传统小吃，亦称“猴子包面”，有着数百年的历史，是一道久享盛名的风味小吃。皮薄如膜，汤汁鲜美，馅心殷实鲜红赛丁香。传说樟树清汤是一个叫孙发云传承、发展起来的，由于他的包面（清汤）与众不同，人家一斤面粉能擀出清汤皮子两三百张，而他却擀出了四五百张，薄如竹膜，精选上好猪肉加入虾米、猪油渣等，使馅料味道特别鲜美。因他的小名叫“猴子”，同时他打清汤皮子用擀面杖，像孙悟空耍金箍棒，慢慢地食客就将他的清汤叫作“猴子包面”。

樟树清汤

2. 冻粉

樟树特色小吃，以红薯粉为原料，高温水煮后冷却而成，入口爽滑，味道鲜美，男女老少皆宜。

（三）丰城小吃

1. 冻米糖

冻米糖是丰城久负盛名的传统地方名优特产品，有400多年生产历史，当时曾被乾隆皇帝誉为“江南小切”。主要原料是优质糯米、优质茶油、米糖、桂花、芝麻、橘皮柚丝等。产品洁白晶亮，吃起来松脆爽口、不黏牙，先后被评为“江西名产”“江

西优质旅游产品”，并被列入国家地理标志保护品和江西省非物质文化遗产。

2. “纠叽”

用米粉、丰城俗称冬粉做的一种吃食，其形如两颗纠结在一起的人心，薄半透亮的晶莹，煞是好看。其味如真人生，含而无味、嚼则出味、回味无穷。

3. “印兜叽”

“印兜叽”，即将米粉置于印模之中，经过高温蒸熟定型而成的一种糕点食品，俗话又叫“米鼓子”，质地干而韧，是丰城的传统特色小吃。

（四）靖安小吃

1. 神仙豆腐

在靖安山区生长着一种叫神仙柴的小灌木，长着厚厚的叶子，被当地人称为“神仙叶”。“神仙叶”做成的豆腐，便叫作神仙豆腐，拌以蒜泥、辣椒、油、盐和酸水等佐料，香脆滑腻、凉润爽口，集美味、野味、纯天然绿色于一体，具有清热、醒脑提神、降血脂、降血压的功效。特别是在盛夏季节，有清凉解毒之功效。

2. 客家点心

靖安客家人的点心花色品种甚多，有用蔬菜类晒的，如南瓜干、苦瓜干、茄子干、豆角干和香苏干等；有用果子晒的，如杨梅干、山楂干、桃子干、李子干、枣子干等；还有用盐水泡或用糖水腌制而成的，如用糖制的刀板豆，不仅其味甘甜可口，而且因其被加工成“二龙抢珠”“双凤比翼”等美丽图案，还可供人欣赏；有用粮食做的莳片、荡片、糍花片、黄元片、爆米花和沙果等，用油炸之更加味美气香。客家人做的米果也是品种繁多，有园子饼、野艾饼、红豆饼、灰水饼和黄元果等。

（五）奉新小吃

奉新米糖 >>>

用米浆、姜片与麦芽制成。先把稀释后的米浆与姜片置于锅里烧滚几下，灭火后，再加入舂碎的麦芽进行发酵。后倒入特制的木框中晾干成形，用菜刀切成小块状即可食用。

奉新米糖

（六）高安小吃

猪婆片泥 >>>

高安民间独具特色的肉煮挂面。先将挂面用文火烤成黄色，断为寸许，起锅；再以旺火速炒肉丁、冬笋丁，酌加豆豉汁，接着加水煮面，撒入姜泥，起锅前放少许辣椒与蒜苗。盛起趁热而食，香辣鲜美，软口暖胃，为冬春待客美食。

猪婆片泥

（七）上高小吃

南瓜酱 >>>

上高县的南瓜酱在周边县市都小有名气，各个工序都是按照上高人民的传统做法不断地加以改进，是拥有上高乡土气息的南瓜酱，目前，它已成为上高的一大特产。

南瓜酱

（八）宜丰小吃

1. 黄连麻糍 >>>

为宜丰传统米粿，用当地黄连糯米及黄连树灰做原料。软而不黏、味香色好。吃时切成片，放鲜汤内煮熟，加大蒜、辣椒、酱油、味精等调料，或水煮、油炒后，拌白糖或加食盐皆可。具有煎煮皆宜、饱食不腻等特点。

2. 霉豆腐（霉豆板子） >>>

将以黄豆为制作原料的豆腐切成小块后放在适宜的温度下待其霉化，然后蘸上备好的调料（食盐、辣椒粉等）放入密封罐，倒入麻油、烧酒。密封放置两周左右即可食用。宜丰霉豆腐与其他地区制作的相比更为香辣可口，风味浓郁，深受当地居民以及访客喜爱。

3. 宜丰烧卖 >>>

宜丰烧卖是宜丰传统名点，具有备料特殊、成型别致、香甜酥烂、入口消融、甜而不腻、四季适宜等特点，它以猪肉、

面粉、白糖、胡椒粉、芝麻粉为原、辅材料，将猪肉煮熟，剁烂成细末，与白糖、胡椒粉、芝麻粉拌匀。另将上等面粉和水搓成湿面团，压成直径为10厘米的圆形薄皮，将配好的料包入面皮。捏成鸡蛋大小、石榴头的圆柱体，上笼蒸熟即成。

宜丰烧卖

4. 米豆腐 >>>

宜丰传统名点小吃，具有制作简易、细润爽口、清醇芳香、去腻消食、四季适宜等特点。以大米、石灰水、猪油、味精、生姜、辣椒粉为佐料，将米加入石灰水浸光后磨成米浆，然后大火熬制，做成“豆腐”。吃时将其切块放入盘内，再将切好的大头菜、腌菜、酥黄豆、酥花生、葱花放于米豆腐上，用小碗放入红油、麻油、花椒油、酱油、醋、姜汁、蒜水等调料兑成汁，浇淋于米豆腐上即可。

（九）万载小吃

百合粉 >>>

万载有500多年百合种植的历史，百合粉自宋朝开始就作为朝廷贡品，以后历朝相延。万载百合粉选用上等百合，白洁细腻，晶莹剔透。食用时先用少量温水或凉开水调匀，再冲入沸水（90度以上）搅拌直至呈透明糊状，然后加入鲜蜜或奶粉等。百合粉具有良好的营养滋补之功，对秋季气候干燥而引起

的多种季节性疾病有一定的防治作用。

（十）铜鼓小吃

1. 铜鼓包圆 >>>

铜鼓包圆是铜鼓客家人特有的食品，也是招待贵宾的佳肴。做法与饺子相似，外皮是由芋子去皮加红薯粉揉团发酵而成，但馅心很讲究，由精制瘦肉、冬笋、香菇、鸡肉、莲子及各种调味品组成。铜鼓包圆多为三角形，蕴寓着客家人爱国爱乡的优良传统。三角形的“三角”分别代表铜鼓客家人根在中原，情系中原；来自闽粤赣，情系闽粤赣；扎根赣西北、情系赣西北这三种寓意。

2. 箬子米粿 >>>

选用优质糯米，煮熟后用手碓之类的棒棍捣成粉，掺入适量碱水拌匀，揉成米粿团。再将洗净的箬叶摆定，然后将米粿团做成方块状，放在箬叶上，用手工将米粿用箬叶包紧，放入甑内蒸熟。味正香浓、不糊不黏、色鲜质韧、独具风味。

三 特色餐馆有来头

宜春，除了风味小吃外，还有许多“农”味十足的特色农家餐馆。

（一）特色餐馆

1. 正荣街和美食街 >>>

宜春城比较著名的食街有两条，一条在体育中心旁边的正荣街，一条在潭前的美食街，两个地方大都是宜春菜，尤其适合夏天的晚上在店门口露天用餐。

推荐菜式：辣炒土鸡，水煮蛤蟆，水煮小龙虾，鸭三件，无头鱼，炒唆螺，熏腊肉，辣椒炒肉，南庙豆腐，萝卜菜炒肉末，野木耳，雷公屎（地木耳），苋菜煮皮蛋，苦槠豆腐，魔芋烧肉，猪肝粉皮汤，凉拌黄瓜等。这些菜都能在两条美食街吃到，只是有些时令菜要赶上季节才有。

推荐饭店：小平鸭馆，林林螺蛳王，老聂烧鹅馆，响旺龙虾城等。

2. 宜春新波仔大酒店 >>>

位于宜春市区商业中心区中山路，以经营地道的宜春口味菜为主，价格便宜，上菜速度快。其招牌菜波仔肥肠、粉丝包菜的口味尤为独特，为本地食客必点菜品。

3. 龙记生态园 >>>

位于宜春体育中心旁，装修风格为仿乡村生态。步入餐厅后，只见小桥流水、竹篱绿藤，别有一派田园风味。餐厅口味以宜春菜为主，全家福、慈化鸡为该店招牌菜。

4. 前进食堂 >>>

由前进餐饮创办的“前进食堂”餐饮品连锁，秉承“自然、随意、节约”的经营宗旨，创导“自然即永恒”的经营理

念，以古朴怀旧的庄户风格、正宗家乡风味的原味菜肴，打造出宜春最有特色品牌连锁餐饮。招牌菜有宜丰松肉、酱肉、前进杀猪菜等。

5. 德丰小吃店 >>>

位于宜春市朝阳路东头，开业近20年，经营油炸、水煮、薯粉、煮年糕、各式甜品宜春小吃，其中麻辣薯粉、绿豆汤、西米汤、龟苓膏等颇有特色。

6. 丰城味道发现大酒店 >>>

丰城味道发现大酒店是汇集赣、湘、浙及各地风味的平价酒店，位于丰城市繁华休闲区西路街777号，被江西省烹饪协会授予“江西省餐饮名店”称号。富有酒店特色的“牛气冲天”“春江水暖”“巧手鲜肉包”等菜肴，被评为江西省名点名菜称号。

7. 高安日升人民公社 >>>

位于高安市老石油公司院内（高安大道中段往南转碧落路200米），采用本地黄牛肉为原料，精心烹制成牛骨头、牛三鲜等系列富有特色的菜肴。

（二）特色农家餐馆

1. 兰若农家乐 >>>

位于明月山洪江乡古庙村兰若组，系江西省AAA级乡村旅游点，包括瑞庆客栈、金元宝农庄、明月饭店等农家餐饮店。农家乐主要菜肴有荠菜、蕹菜、蒲公英、马齿苋（蚂蚁菜）、蘑菇、水芹菜、鸭脚板等纯天然绿色无公害野菜和村民自制的土腊肉、天然放养的生态土鸡。特别是在明月饭店，游客可以在享受原生态美味的同时，欣赏着千年古银杏的身姿，别有一番情趣；金元宝农庄有着浓厚的古建筑韵味，每年中秋兰若村民都会在这里举行中秋拜月仪式，庆祝丰收，祈愿平安。

2. 白马农庄 >>>

位于袁州区南庙乡白马村宜安公路旁，距市区 8 千米，交通便利，是一座风光优美的绿色生态农庄。开设有采摘、垂钓、餐饮、烧烤、磨豆浆、打麻糍、踩水车、农具展示、儿童乐园、活动中心等数十种项目。有号称“百果园”的水果种植示范区，四季瓜果不断，品种丰富，有樱桃、枇杷、杨梅、葡萄、梨、桃、冬枣、柑橘、柿子、草莓、西瓜等，可任由游客尽情采摘。

3. 樟树三层楼 >>>

省级乡村旅游示范点，位于樟树市阁山镇黄家巷村。生态环境优越，气候宜人，有野猪林、石屋、古樟树、五脑峰、翠竹林等自然景观，形成“村中有景、景中有村”的景象。有蕨菜、山笋、绿色蔬菜、瓜果等特色菜肴，自制生姜、山茶、芝麻米粿、南瓜酱等特色茶点。其中“紫竹庭”餐饮店为江西省特色三星级农家旅馆。

4. 青云山庄 >>>

位于丰城市铁路镇，罗山南部“欧石岩”下侧，与紫云山水库山水相望，因与“青云寺”毗邻而得名青云山庄。北宋文学家欧阳修曾治学于山庄后侧的岩洞，故其名曰“欧石岩”。青云山庄菜系以农家菜为主，拥有各类药膳等特色野山菜，同时备有棋牌室、钓鱼、登山等娱乐设施。

5. 靖安白沙坪度假山庄 >>>

位于江西省首批AAAA级乡村旅游示范点靖安县中源乡。在这里推门可见群山叠翠，小桥流水，飞瀑直泻，偶闻竹海涛声，三五鸡鸣犬吠，更加突出了这里的清幽宁静。山庄主要美食特产有：白沙坪寒婆茶、红椒野荞头、韭菜栀子花、农家米酒煎蛋、墨鱼炒明笋、野茶、中源大米以及各种季节性野菜。

6. 靖安北河生态园 >>>

位于靖安县仁首镇，四周青山环抱，环境优美。园区以徽派建筑为主，按园林风格打造，亭台楼阁，精巧别致。游客可在此品凤凰沐浴鸡，尝山中草野菜，赏花中百日红。主要特色餐饮有北河鲜、北河鱼、紫苏炒辣椒、农家板栗烧肉、泥鳅荷包蛋等。

7. 奉新果园山庄 >>>

地处景色宜人的奉沿线县城3千米处，占地面积数百亩，以环保、绿色、有机、健康为主要特色，集农家饭、采摘、娱乐、垂钓、生态农业观光为一体，让游人享受清新自然，远离污染的高品质生活。

8. 高安华林八百洞天 >>>

江西省农家三星级旅馆，位于华林山李家岭半山腰。八百洞天观光项目有采摘野柿子、橘子、柚子、野杨梅等，还可以提供卡拉 OK 、自钓、自摘、自助烧烤，最佳游览时间为每年 4 月至 9 月。

9. 宜丰桃源山庄 >>>

省“三星级农家旅馆”，地处宜丰县城东郊漆家山，建筑风格古朴，青砖红瓦，飞檐画廊，集吃、住、垂钓、果园、菜地、田园风景与民俗农耕文化为一体。山庄积极推出当地饮食文化、名点、土菜和特色菜，在“2010年江西省名优小吃大赛”中，米豆腐获“名优小吃金奖”。山庄收藏有各类民俗、生活、文化等用品（如斗笠、蓑衣、独轮车、各种耕耙田农具、风车、水车、石器、花床、布票、粮票、饭票、毛主席像章等）数千件，吸引了不少参观者。

10. 万载葡萄园农庄 >>>

位于万载县马步乡洞口村，距竹山洞旅游风景区仅2千米。农庄依山傍水而建，因地制宜栽种了30亩葡萄，建立了50亩有机蔬菜种植基地，栽种了有机草莓、葫芦等瓜果的长廊，同时附带垂钓鱼塘、农家书屋、棋牌室、乒乓球桌等休闲娱乐设施。葡萄园的农家菜少油、少味精，注重菜品的原汁原味，清炖土鸡、翻鸭、农家腊肠、泉水煮活鱼为该农庄的特色菜。

CHAPTER 6

住在宜春

——宾至如归

伴随着旅游产业的快速发展，宜春市的饭店业也呈现出一派繁荣的景象。迄今为止，宜春共有星级饭店 42 家，其中有四星级饭店 9 家、三星级饭店 27 家、二星级饭店 6 家，此外尚有若干非星级饭店，饭店业的接待总床位数达到 67700 个，具有较好的旅游接待能力。

一 中心城区（袁州区）

（一）宜春迎宾馆

坐落于宜春中心城东北部宜阳新区的核心范围，与宜春市行政中心临街相望，位于泸州北路669号。该宾馆占地面积为22.5万平方米，建筑面积为8.9万多平方米。宾馆由A、B、C、D、E主楼，亲水左岸、亲水右岸、半岛、半山四栋别墅，娱乐楼三大区域组成。客房总数为342间（套）。宾馆把湖、石、亭、台等园林景观融为一体，绿化覆盖率达到80%，让人回归大自然。总台电话：4007164007。

宜春迎宾馆

（二）宜春博能宾馆

四星级旅游饭店，建筑面积为3万平方米，与袁山公园隔路相望，邻近樟树广场，位置优越，交通便利。宾馆拥有风格迥异的各类豪华客房，拥有泊车位200余个。该宾馆房间宽敞舒适、设施先进、华贵典雅。分设休闲、标准、豪华、行政楼层，可满足不同消费群体之需。客房总数达206间（套），还有可同时容纳500人就餐的宴会厅、26个豪华包厢，以及环境优雅、浪漫温馨的西餐厅，为客人提供西式餐点、茗茶、咖啡、自助早餐，在此可体会异域餐饮文化的独特魅力。视听一流的KTV、怡然自乐的棋牌室、桑拿、沐浴等休闲娱乐服务项目齐备。

宜春市内乘17、7、11、20路公交车即可到达。酒店联系电话：0795—3251111。

宜春博能宾馆

（三）宜春锦绣山庄

四星级旅游饭店，占地面积达10万余平方米，位于宜春市西郊，西靠320国道，东邻化成岩景区、松江湿地公园，南接秀江。酒店整体为园林景观式设计，庄内葱郁树木摇曳相衬，景色雅致怡人。

山庄拥有客房138间（套），大小会议室6个，其中多功能会议中心可容纳250人左右。餐厅有大小包厢18间，大厅可举办多达300人的宴会，小型的多功能宴会厅可容纳110人。另配有商场、大堂吧。康乐娱乐项目丰富，桑拿、足浴、美容美发、KTV、酒吧、棋牌室、游泳池等各项服务设施设备完善。在这里可以尽情享受食、宿、娱乐、购物等一条龙服务。总台电话：0795–3558888 。

宜春锦绣山庄

（四）宜春德和大酒店

四星级旅游饭店，位于朝阳路36号。酒店主楼有19层，配有一流的观光电梯，两栋四层商用裙楼，总建筑面积达3.8万余平方米。拥有品位高雅、豪华舒适的各类客房；中西餐厅设计新颖，设施安全，拥有800余个餐位，汇集闽、粤、川、湘、赣等风味的精美佳肴；拥有功能齐全的多功能厅、商务中心、商务会议室、美容美发中心、桑拿中心、健身中心、咖啡厅、KTV、演艺厅等综合服务设施。总台电话：0795–3913817。

宜春德和大酒店

二 明月山温泉风景名胜区

（一）明月山维景国际酒店

该酒店是以五星级旅游饭店标准新建的，位于温汤镇江源北路 8 号。建筑面积为 120000 平方米，占地面积为 124736 平方米，停车位总数为 414 个，设有客房 320 间（套），餐位数为 600 个。拥有可容纳 1000 人的多功能厅和 1000 人的会议室。

联系电话：0795–2177777。

网址：www.metroparkmy.com。

邮箱：eo.mysgm@hkctshotels.com。

交通路线：可从宜春市火车站附近“明月公交站”乘坐公交116路、118路至“明月湾维景酒店”站即可到达。

门票：288元
开放时间：8：00至24：00
交通：乘坐116、118路至明月湾站下
咨询电话：0795－2177777

明月山维景国际酒店

（二）天沐·江西明月山温泉度假区

位于明月山风景名胜区内，总占地面积为2000余亩。

度假区除温泉外，拥有171套山水客房、72套仿古复式套房、124套公寓式客房、3栋湖景公寓、2栋农家地主宅院、20栋豪华温泉别墅，还有掩映于湖光山色中的会议中心、独特的仿古真味堂餐厅、乡野风味的各式山珍宴，泊心堂温泉养生SPA会所、休闲运动水上高尔夫等，这里是一个休闲养生度假的极佳之处。

天沐·江西明月山温泉度假区

三 樟树市

（一）航天国际酒店

四星级旅游饭店，占地面积达38亩，营业面积为3.5万平方米，共12层。位于樟树市四特大道中段（理工学院正对面）。有客房255间；宴会餐厅可容纳1000人，可举行新闻发布会、商务交流、节日Party、婚宴庆典等；有大小宴会包厢26间，西餐厅环境优雅、温馨浪漫，提供茗茶、自助早餐；有大中小会议室6间，适合各类会议活动，VIP接待室可满足高规格政务、商务接待所需；有停车位120余个。

此外，还有桑拿、足浴、KTV、棋牌室、四季恒温水上乐园等娱乐设施。其中四季恒温水上乐园游泳馆为酒店一大特色，占地面积达20余亩，是集游泳、健身、娱乐为一体的综合性游泳训练基地。

电话：0795-7639999。

航天国际酒店

（二）银河假日酒店

位于樟树市杏佛路89号（四特大道与杏佛路交会处），占地36亩，建筑面积为3.01万平方米，主楼有16层。一楼是酒店的大厅，设有西餐厅、咖啡吧；二楼为中餐厅，拥有19间包厢，其中VIP包厢一次能容纳20人，宴会大厅一次能容纳500人左右；三楼是酒店的休闲城，设有卡拉OK包厢和棋牌室；四楼为足浴和桑拿；五楼为会议中心，共有5个会议室，其中一号会议室能容纳

银河假日酒店

500人。酒店有245间客房，含豪华套房1间、总统套房1间，总床位为461个，是旅游下榻、就餐会客、休闲娱乐、商务活动的极佳场所。

电话：0795-7848007。

四 丰城市

（一）花园大酒店

位于丰城市龙津湖总部经济服务业基地龙津大道，按五星级旅游饭店标准建造，以商务、休闲、娱乐为特色，集客房、餐饮、康乐等多种服务项目于一体。占地面积为6.7万平方米，建筑面积为6.5万平方米。拥有各式客房及别墅300余间（套）、4个中小型会议室和一个近3000平方米的多功能国际会展中心，中式喜宴可同时宴开160席，西式酒会可容纳1500人，能接待1200~1500

人的会议团体。

网址：www.fegardenhotel.com。

电话：0795-6666688，传真：0795-6666699。

（二）洪州大酒店

四星级旅游饭店，位于丰城市新城区紫云大道20号。酒店主楼共19层，高69.3米，占地16亩，建筑面积为2.8万平方米，有客房248间，餐位1000个。酒店集总统套房、豪华客房、商务楼层、宴会厅、中西餐厅、大小会议室、会见厅、商务中心、精品店、KTV、棋牌室、健身房、桑拿中心、游泳池、网球场为一体。会议室可容纳300多人，餐饮有赣菜、湘菜、粤菜及各种西式菜系。设施先进，功能齐全，环境优雅，交通便利，是丰城市一航母型时尚消费场所。

电话：0795-6666777。

（三）江西昌龙国际大酒店

四星级旅游饭店，位于丰城市人民路 237 号。占地面积为 1600 余平方米，建筑面积为 1.9 万余平方米，地上、地下共 12 层，是集客房餐饮、商务娱乐、休闲旅游为一体的多功能现代化高级商务酒店。酒店设有总统套房和高级套房、高级单、标间共 233 间（套）。昌龙食府设在酒店二、三楼，有豪华包厢 21 个、大型中西餐厅 3 个，最高可容纳 1000 人同时就餐。同时还拥有商务中心，大、中、小多功能会议室、桑拿中心、SPA 会所、棋牌房、健身房、行政酒廊、桌球室、乒乓球室、精品小商场等综合服务设施。

电话：0795-6666888、6666999。

五 靖安县

九岭森林温泉度假村（原江钨度假村）

四星级旅游饭店，位于靖安县清华大道41号，集温泉、住宿、餐饮、会议、休闲为一体。建筑面积为3万平方米，占地面积为655亩，有停车位300个、餐位数700个，多功能厅可容纳280人。设施齐全，装修豪华典雅，融古典园林风格和现代设计风格为一体，别具一格。度假村坐落于靖安县城内况钟园林内，是国家AAAA级旅游景区景点之一。

电话：0795-7191111、7191166。

网址：www.jxjwresort.com。

邮箱：jwjt-11@jiangxi.gov.cn。

九岭森林温泉度假村（原江钨度假村）

六 奉新县

朝日国际大酒店

四星级旅游饭店，位于县城狮山大道279号。酒店总建筑面积为2万平方米，楼高16层。是集客房、中餐、西餐、会议、水疗馆、足浴、KTV、棋牌室、健身房、室外露天网球场为一体的国际旅游酒店。酒店拥有各类客房162间（套）；豪华餐饮包厢18余间；餐饮宴会大厅可同时容纳1000多人就餐；多功能会议中心，可以满足各个层次的多功能会议和宴会；4500平方米的康乐区富丽堂皇，有水疗馆、足浴、棋牌室、KTV、健身休闲等服务项目。

朝日国际大酒店

电话：0795-4589888。

七 铜鼓县

皇庭假日大酒店

四星级旅游饭店，位于铜鼓县城南西路。有客房192间（套），其中，含套间23间、总统套房1间。酒店还设有中餐厅，西餐厅，特色火锅城及数十间豪华包厢，拥有大小会议室4个、贵宾厅1个，拥有能同时容纳400多人的多功能厅以及KTV包厢、棋牌室、茶艺吧、桑拿、足浴、商场、商务中心等服务场所和设施。

电话：0795-7178888。

宜春物产丰富，有近300种特色产品，其中既有闻名遐迩的脱胎漆器、蔡氏竹雕、瀚道根雕等旅游工艺品，又有营养丰富、口感独特的松花皮蛋、冻米糖、百合粉等土特产品。此外，还有一大批别出心裁、创意新颖的科技产品，如“奔步”牌竹键盘、竹鼠标、竹音响等。

近年来，宜春围绕月亮、温泉、禅宗三大旅游品牌，相继推出了一系列富有浓郁地方特

CHAPTER 7

购在宜春

——价廉物美

色的旅游纪念品、休闲小吃，如明月山迎客茶茶具、十二生肖闹月纪念银牌、“明月山风光”屏风、“玉兔奔月”瓷器、“明月山风光”版画；利用罕见独特的明月山富硒温泉，开发了“嫦娥泪”硒温泉护肤品、“温汤佬”富硒盐皮蛋、“沐阳”金蕊皇菊、隆平高科富硒有机香米；融入古朴悠远的禅宗文化，研制了宜丰县黄檗禅茶、“禅风”豆腐乳，受到广大游客的青睐和好评。

一 旅游纪念品

（一）竹木类

1. 靖安县蔡氏竹雕制品

由江西省靖安县雕刻精品厂生产，设计新颖、工艺独特、技术精湛，先后荣获20余项国际国内大奖及8项国家专利，并销往欧美和东南亚10余个国家和地区。

（1）“渔翁”雕塑：以竹根为原料，表现渔翁垂钓祥和、淡定的场景。该作品构思巧妙、雕刻细腻，多次荣获国内外大奖，荣获2013年江西旅游纪念品大赛一等奖。

靖安县蔡氏竹雕制品：工渔翁雕塑

（2）竹笔筒：款式新颖、技艺精巧、图案精美，充分展现了中国传统文化的深厚底蕴。

2. 宜丰县“瀚道”根雕制品

（1）“雄霸天下”雕塑：取自千年槠树根，长7.38米、高4.16米、重约8吨。作品体重庞大、气势逼人、雄蛮霸气，形似一只仰天长啸、傲视群伦的侏罗纪时期的恐龙，曾在第五届全国农运会根艺大赛中荣获金奖。现正在申报上海吉尼斯世界纪录。

（2）“赤壁怀古”雕塑：取自千年紫薇根，长0.66米、高0.51米，取材于苏轼名作《赤壁怀古》，展现“惊涛拍岸、乱石穿空、卷起千堆雪”的场景。

（3）“青春无悔”雕塑：长0.49米、宽0.42米，根据树根的自然形态进行设计，整体造型天然、色泽美观、意蕴深长。

（二）奇石类

奉新县潦河奇石产自赣中西北部的潦河上游，质地细腻，硬度适中，是琢磨奇石工艺品的上乘材料。

（1）茶盘：系木纹类，看似红木，摸上去有如玉石，可容十几个人品茶。

（2）观音砚：自然随形，人工只开挖砚池，其他部位均是自然天成。

（3）观赏石：形态多姿，惟妙惟肖。其意蕴为一支行驶在海面上行驶着思乡的船队。

（三）布艺类

1. 樟树市“香樟”剪纸 >>>

（1）“中国药都”剪纸：选用黑色宣纸精心剪刻，装裱于高档红星宣纸收藏册中，由“药之源、药之市、药之技、药之帮、药之光”5大篇章组成，包括10幅剪纸作品，每幅均配图文说明，全长6米，表现樟树作为“中国药都”的风采。

（2）“红色江西”剪纸：选用红色宣纸精心剪刻，装裱于高档红星宣纸收藏册中，共有10幅剪纸作品，每幅均配图文说明，全长6米，按发生在江西的十大历史事件的时间顺序排列，包括“八一南昌起义、铜鼓秋收起义、安源路矿工人大罢工、永新三湾改编”等内容。

2.“明月山风光”剪纸屏风

芒麻，又称“中国草”，享有“天然纤维之王”的美誉。宜春是世界公认的优质芒麻产区，该作品以由芒麻制成的夏布为衬底，以“明月山浪漫爱情之旅”的景点为题材，采用优质宣纸进行剪刻，构图简练，主题突出，是不可多得的传统、高雅的艺术精品。

“明月山风光”剪纸屏风

（四）金属类

1. 明月山十二生肖闹月纪念银牌

采用精美的进口水晶镶嵌，共 12 枚，每枚银重 8 克，12 枚总计重 96 克，限量发行 1000 套。银牌正面选用宜春民间剪纸大师创作的十二生肖剪纸形象，并通过立体浮雕技术和国际造币工艺使十二生肖栩栩如生；银牌背面以汉字“明月”为元素，同时勾勒明山、秀水、祥云、圆月，展现明月山景区迷人的自然风光。

2. 铜鼓县转运鼓 >>>

由一面铜鼓和基座构成。鼓高 15.48 厘米（含基座），象征着铜鼓县 1548 平方千米的红色热土；鼓内心的周长为 19.13 厘米，象征着铜鼓在公元 1913 年建县；鼓宽为 14 厘米，象征着 14 万勤劳淳朴的铜鼓人民。“铜鼓”正中为“福”字，表达了铜鼓县是伟人毛泽东遇难呈祥的福地，展示了“中国红色福地”铜鼓县旅游品牌形象。

3. 铜鼓县转福圆 >>>

由四块银圆组成。根据一代伟人毛泽东在铜鼓县留下的“一脚踏两省、四元定乾坤”传奇佳话而设计。

铜鼓县转福圆

（五）陶瓷类

1. 明月山迎客茶茶具 >>>

明月山人喜茶好客，每有贵客来临，即以茶叶、豆子、生姜、香椿等材料制成客家花茶相迎，故名迎客茶。迎客茶具由 12 个茶杯、12 把茶匙及 1 个茶盘组成，茶杯以“月亮之都”——宜春的本土剪纸大师创作的《十二生肖闹月》图案为底蕴，经“中国瓷

明月山迎客茶茶具

都”——景德镇工艺大师精心设计并限量烧制而成；茶匙纯铜质地，由“开发之都”——深圳金币珠宝首饰有限公司专业制作；茶盘纯竹质地，正面刻有宜春月亮文化节图案，由“中国竹都”——浙江安吉专业厂家设计制作，是珍藏、鉴赏、馈赠之佳品。

2. 明月山“玉兔奔月”瓷器

以明月山的玉兔奔月传说为题材，由宜春籍中国陶瓷艺术大师聂乐春先生创作,在“中国瓷都”——景德镇限量烧制而成。

（六）其他

宜春脱胎漆器的生产纯属手工操作，先制成模型，再以棉布、绸布、夏布裱在模型上，涂上调配好的液漆，待阴干后脱下内胎，然后填灰、上漆，再进行打磨、抛光、装饰，前后要经过数十道工序才能制成。其制作工艺被列入第一批省级非物质文化遗产名录。

牡丹纹葵瓣式盒

（1）牡丹纹葵瓣式盒：采用莳金工艺，即以蒙上纱网的竹管将金粉抖落于漆器纹样上，形成自然而美妙的装饰效果。

（2）新式金瓜茶叶罐：采用戗金工艺，即在漆器上刻画出金色线条、细点的装饰技法。该技法最早记载于陶宗仪的著作《辍耕录》，到明朝时十分盛行，曾在元朝时传入室町时代的日本。

（3）桃鹤纹菊瓣式盒：果盒兼用描金与描彩的工艺，即在光素的漆地上，用各种色漆画出花纹，再以金描出花纹的筋脉及轮廓，从而使花纹光彩夺目，雍容华贵。

二 旅游土特产

（一）休闲食品类

1. 明月山“润田翠”天然含硒矿泉水 >>>

源自明月山地下 470 米的富硒矿泉水源，经现代先进水处理技术直接取水灌装。

“润田翠”天然含硒矿泉水

2. 明月山“温汤佬”富硒五香盐皮蛋

采用独特的富硒温泉天然热水和不硬化的无铅腌制技术，经过 18 道工序精制而成。其蛋白似皮蛋，蛋黄像咸蛋，口感既有皮蛋的风味，又有咸蛋的美味，还具卤蛋的香味。此外，宜春市还有“袁州”鹌鹑皮蛋、咸鸭蛋、红心盐蛋等系列蛋类食品。

“温汤佬”富硒五香盐皮蛋

3. 丰城市“子龙”冻米糖 >>>

丰城冻米糖品牌繁多，“子龙”牌冻米糖系丰城冻米糖总厂生产，选用丰城市无公害优质桂香丝糯米，经食用植物油膨化，配以白糖、麦芽糖、芝麻、桂花等纯天然原料，采用传统工艺加现代科技精制而成，具有清白如雪、清香爽口、味甜酥脆、入口消融的特点。

4. 靖安县椪柑 >>>

国家认证的无公害食品、绿色食品，江西省名牌农产品，国家地理标志产品，有“远东橘王”之美称。具有水分饱满、果形美、色泽艳、肉脆、味甜、成熟晚、耐贮藏等特点。

5. 奉新县猕猴桃 >>>

因其果皮覆毛，貌似猕猴而得名。奉新县素有“仙源灵境”的美称，独特的水、土、光、肥等自然条件为猕猴桃的生长创造了得天独厚的生态环境。该果实皮肉中含有丰富的果胶，可降低血液中的胆固醇，其所含的膳食纤维可抑制人体内致癌物质的产生。此外，它还含有大量人体所需的矿物质，如钙、磷、铁、钾、纳等。具有滋补强身、清热利尿、生津润燥、祛风活血、散瘀消肿等多种功效。

6. 上高县“富龙”食品 >>>

（1）秘制牛肉：精选自然生态农家放养的黄牛鲜腿肉，配以肉桂、丁香等十多味名贵香辛料，采用真空包装和高压灭菌等现代先进生产工艺精制而成。整个产品生产流程在黄牛宰杀后10小时内完成，确保产品新鲜。其产品色泽鲜亮、味美嫩香、营养丰富，是居家旅游、馈赠亲友之佳品。

（2）冰糖菊花蛋：选用原生态放养本地鸡蛋和冰糖、菊花、大枣、茯苓等为原材料，结合传统工艺，采用真空包装和高压灭菌现代先进生产工艺精制而成。其口感细腻润滑，嚼之有劲，味道香美。

7. 宜丰县“宾顺”豆腐乳 >>>

精选优质黄豆，精练小磨麻油，自制美味佐料，按照配方精细制作而成。具有入口即化、满口生津的特点，深受广大消费者的赞誉和青睐，产品遍销全国各地，乃馈赠之珍品。

此外，宜春市还有“春香”“山神”等知名品牌的豆腐乳。

8. 万载县“千年”食品 >>>

（1）百合粉：选用优质百合为原料，经现代工艺加工而成。富含蛋白质，脂肪，淀粉及维生素B1、B2、C等成分，还含有氨基酸、钙、磷、铁、百合甙A、百合甙B、秋水仙碱等，有润肺止咳、促进伤口愈合、宁心安神、镇静催眠、预防痛风、保护胃黏膜、增强免疫力的功效。

（2）南酸枣糕：利用天然无污染的南酸枣，采取先进的加工工艺加工而成。产品口感香酥、果香浓郁、味道细腻，富含丰富的维生素和矿物元素，缓解人体疲劳乏力，促进人体新陈代谢，增加人体免疫功能，对人体有重要的生理调节作用。

此外，还有百合面、百合糕、花生酥、葛粉等一系列特色食品。

（二）农副产品类

1. 明月山隆平高科富硒香米

生产过程不使用农药、化肥、生长调节剂，实施稻鸭共作、稻鳖共作、红萍固氮、太阳能灯诱虫等有机生产技术，产品质地柔软，香而不腻，营养价值极高。

明月山隆平高科富硒香米

2. 明月山“沐阳”金蕊皇菊

产自明月山温泉风景名胜区。景区内独特的富硒土壤成就了金蕊皇菊的上乘品质，传统的栽培和加工方式保证了产品的绿色天然。金蕊皇菊花可入茶、入酒，其汤色金黄透明，经久不衰。入口香沁心脾，稍待可回甘。汤中花朵开放饱满，雍容华贵。若配以透明器皿可赏玩。

3. 袁州区“润心”野茶油

采用低温冷榨及欧盟软塔技术，严控高温时间的六脱工艺（脱去水、酸、胶、色、臭、脂），富含不饱和脂肪酸、维生素E、角鲨烯、茶多酚、黄酮等健康微量元素，具有良好的抗氧化和增强免疫力的作用。

此外，宜春还有樟树市“阁皂山”、丰城市“金典好口福”、万载县“金世本香”等多个知名品牌的野生茶油。

4. 樟树市四特酒

中国驰名商标。以整粒大米、优质大曲为原料，汲取与樟树阁皂山景区九龙泉同脉的地下矿泉精心勾兑，久贮而成，属

"特香型"。周恩来总理曾高度评价该酒"清香醇纯、回味无穷"。现有五年陈酿、十年陈酿、十五年陈酿等年份酒和三星、四星、五星等星级酒以及东方韵等诸多品种。

此外,还有丰城市"丽村酒""剑邑王",上高县"七宝山",万载县"锦江"等多个知名品牌的白酒和袁州区南庙老酒等。

四特东方韵

5. 樟树市"春丝"面条 >>>

获得"中国名牌""全国挂面知名品牌""全国放心挂面""江西省名牌产品"等多项荣誉称号。具有柔韧爽滑、易熟、久煮不糊、不浑汤等特色。现有蛋黄高级面、银丝面、挂面等多个品种。

6. 靖安县白茶 >>>

茶中珍品,形如凤羽,色如玉霜,油润光亮;内质香气馥郁,滋味鲜爽甘醇,汤色鹅黄,清澈明亮;游离氨基酸总量(以谷氨酸计)高达7%,是高档绿茶的2~3倍,具有保肝、护肾、抗癌、明目等功效。

此外,宜春市还有铜鼓县"春韵"、宜丰县"黄檗茶"、丰城市"罗山毛尖"等多个知名品牌茶叶。

7. 靖安县"三爪仑"干货 >>>

(1)香菇:具有香味浓厚、菇形圆整、味道鲜美、营养丰富、防癌抗癌、强精补肾、生精润肺、滋肠善胃等特点。1974年时任美国总统尼克松访华时,北京曾派专人赴靖安选购此珍品。

(2)黑木耳:寄生在青杠树上的真菌,随自然气候生成,

其肉厚质软，营养丰富，是饮食中的佳肴、医疗保健上的珍品，被喻为“肠道清道夫”。

（3）北河鲜：是对宝峰地区鱼类的美称，为北河沿岸三爪仑、宝峰一带的阴鲤、勾鱼、鱿鱼、鲶鱼等鱼的总称，可油炸、清蒸、红烧、油煎、炖煮。由于水质清澈无污染，所产鱼类肉质细嫩，味道鲜美，远近闻名。

（4）神仙菜：又名豆远菜，是靖安县民间食用野菜之一，含有丰富的维生素、纤维素、蛋白质等成分，味道鲜美。

8. 高安市“大观楼”腐竹 >>>

“大观楼”腐竹是“江西省著名商标”“国家地理标志保护产品”。它富含丰富的植物蛋白质、不饱和脂肪酸以及钙、磷、铁等人体所需的各种微量元素。产品色泽鲜亮、支条匀称、软硬适中、久煮不烟、口感极佳。

（三）其他

1. 明月山“嫦娥泪”富硒护肤品 >>>

富含硒等多种矿物微量元素精华，具有温和补水、矿物养颜、抗衰老、淡化细纹、改善皮肤松弛等多种疗效。现有硒温泉补水焕彩养颜套装（五盒一）、硒温泉喷雾套装（三盒一）、硒温泉喷雾（单瓶）等品种。

2. 宜春市“井竹”苎麻制品 >>>

宜春是世界公认的优质苎麻产区，苎麻制品自唐代以来多次被列为贡品。其生产工艺和技术被列入中国非物质文化遗产保护目录。“井竹”苎麻制品主要有：

（1）苎麻健康席——具有爽身抑菌、保健肌肤、冬暖夏凉等特点。

（2）苎麻健康袜——具有不湿脚、不臭脚、防脚气等特点。

（3）苎麻衬衫——采用特殊的抗皱、免烫等工艺生产而成，具有质地柔软、悬垂挺爽、超强透气、散热祛湿、冬暖夏凉等特点。

（4）苎麻汽车坐垫——选料考究，做工精湛，凉爽透气，抗霉防蛀，抑菌耐磨，防紫外线，自然时尚，高雅尊贵。

此外，宜春还有“捷印象”“日德”等多个知名品牌的苎麻制品。

3. 铜鼓县“奔步”牌竹制品 >>>

由铜鼓江桥竹木业有限责任公司研制，主要产品有竹键盘、竹鼠标、竹音响等。竹键盘获得国家发明专利和4项实用新型专利，改写了键盘以塑料为原料的历史，具有防静电、防汗等特点，畅销全国各地，远销欧美及东南亚等国家和地区。目前，公司正在研发竹质电脑外壳、主机机箱、电脑音箱、U盘、移动硬盘等新产品。

“奔步”牌竹制品

CHAPTER 8

娱在宜春

——乐不可支

宜春在灿烂的历史进程中，产生了许多独具魅力的民间文化艺术，如民间采花戏、客家山歌、万载傩舞、火龙追月、草龙灯等等举不胜举。这些充满地方色彩的文化表演为宜春旅游增添了几分喜乐色彩。游客来到宜春，不仅可以吃得醉心、住得舒心、行得顺心、游得称心、购得放心，还可以娱得开心，令人乐不可支。

一 传统文化娱乐项目

宜春的传统文化娱乐方式非常丰富，有头戴面具、手舞足蹈、表现手法严肃而诙谐的万载傩舞，有带有浓郁的乡土气息的宜春三星鼓和高安采茶戏，还有极具古朴风情的客家山歌等等。经过历代民间艺人的整理和创新，形成了一批内容丰富，形式多样的宜春传统文化娱乐项目。

1. 宜春三星鼓 >>>

又名三声鼓，是一种民间器乐演奏形式，有近两百年的历史，流行于袁州区广大乡村，旧时用于民间婚、丧、喜、庆和闹元宵等场合。因为它是由三面形状不同、音调各异的小鼓伴着唢呐演奏，所以又称三星鼓。宜春三星鼓曾两次进京演出，得到社会各界人士一致盛赞。

2. 火龙追月 >>>

宜春历届月亮文化旅游节的传统节目，源于丰城的“板凳龙”。因其远观似流星经天，近观似火龙翻腾，月光下，它就像一条火龙追赶着月亮，因此又把舞“板凳龙”的活动称作“火龙追月”。“板凳龙”由300条板凳组成，龙首、龙身、龙尾生动活泼，龙须、龙眼、龙眉一应俱全，龙角、龙珠、龙鳍配套完整，且饰以彩云等花纹图案作为龙鳞。每段龙身点燃两支蜡烛，远望是鳞，近观是画，煞是好看。

3. 丰城岳家狮 >>>

国家级非物质文化遗产。源于宋代民族英雄岳飞的岳家拳。明代爱国名将邓子龙幼年师从明嘉靖著名学者、武师罗洪先（先祖为岳家军旧部，是岳家拳的传人），邓从罗洪先处继承了岳家拳，将丰城本地“字门拳”和“岳家手”（岳家拳硬门拳）有机揉为一体，以充分展示岳家拳的威、雄、险特征，独创了“岳家狮”。岳家狮将意念形态共冶一炉，将武术舞美揉为一体，用拳术展示书法，以舞技诠释剧情，蕴藏着深厚的文化内涵和高雅的艺术玄机，占有广泛的文化空间。丰城是岳家狮的发祥地，自古至今，狮风盛行，舞狮活动遍及全市城乡，在历史上曾拥有过“百狮下西山”的辉煌。被列入名录。

4. 靖安草龙灯 >>>

省级非物质文化遗产。又称太平灯、香火灯，相传起源于千年前的军事活动，后逐步演化成为民众赐福的春节习俗活动。草龙灯用稻草和萱草在正月初十上午精心扎好，龙头至龙尾共七节，每节龙上插满点燃的香火。表演一般有起龙，祭拜神灵；舞龙，常见的队形有团龙、摆身、缠柱、腾跃等；最后是送龙，即于正月十五晚上以火焚烧草龙，意为送其返天。2012 年，以“东方之龙”之称谓入选中央电视台除夕之夜特别节目“寻找中国龙”。

5. 高安采茶戏 >>>

国家非物质文化遗产。前身为高安丝弦戏，俗称“丝线班子”。因其只用两把胡琴伴奏，便称丝弦戏，由民间灯彩

演变而成。该戏种地方色彩浓郁，表演载歌载舞，形成有一人独舞独唱，二人对唱对舞或三人穿插歌舞，中间夹着道、白、打诨等。其打击乐谱就用本地“瑞河戏”和“锣鼓戏”的打击乐谱。近年又添加他行乐器和电子琴等。代表作有《卖杂货》《补背褡》《茉莉花》《怀胎》《四九看妹》《孙成打酒》《小保管上任》等，其中《小保管上任》《孙成打酒》在全国地方戏曲会演中多次获奖并拍成电影在全国上映。

6. 高安斗牛 >>>

流行于高安市土城，起源于明末清初。农历五月十五日前后，稻谷丰收在望，人们把五月十五日这一天定为“吃新节”，象征着风调雨顺，岁岁年丰。不仅邀请亲朋好友前来庆贺，而且将自家的牛牵出来争斗一番，一决高下，以增添节日气氛。由此，斗牛便在土城一带民间流传开来。

7. 高安道情 >>>

省级非物质文化遗产，一种古老的地方说唱艺术，在高安、丰城和上高一带流传已久。原系唐朝末年道教用以宣传教义及募化的声腔艺术。说唱者历来多为盲人。最初盲艺人只是手托渔鼓击拍伴唱，走村串巷卖艺谋生，故称之为“渔鼓道情”，其所唱内容大多为《劝世文》《牡丹对药》之类的短小曲目，也有艺人有感而发，现编现唱。至清末，艺人渐弃渔鼓，改用箱琴（又名砰砰）伴唱。演唱时用木鱼或竹夹板击节，配以惊堂木渲染气氛，并由游唱改为坐唱，登堂入室，称之为“坐堂戏”。新中国成立后，高安道情在传承中不断创新发展，《为钢铁而战》《张榜招亲》等新作参加全省、全国曲艺会（调）演并获得多项荣誉。

8. 上高、宜丰的龙船节 >>>

时间是农历五月十三，流行于上高的锦江乡和宜丰的石市镇一带。尤以上高斜口的“龙船节”最负盛名。节日源自一种传说：清嘉庆十六年（1811 年）的端阳节，锦江涨水，河中数十条龙船比赛，斜口李氏和县城严家龙船结伙同外乡龙船争一水道，双方互不示弱打起架来，结果外地龙船船翻人死。事情闹到县衙，县令不分青红皂白，强行打人。当时李、严二姓的一伙划船青年冲击了县衙。县令发出公示：“先抓李氏后抓严”，并责令李、严二姓从此以后的端阳节不准在县城锦河中划龙船。后来斜口李氏将五月十三关羽单刀赴会的日子自定为端阳副节，举办龙船赛，以示其威武不屈的豪迈气概，此俗一直流传至今。

9. 铜鼓客家山歌 >>>

是客家人社会生活和思想情感的真实反映，在音乐上保留着较为纯正的客家语言本色，具有浓厚的“古朴性”；在艺术上、内容上基本保持着较为淳朴、清新的“民间性”。在田头地角、屋场山冈，山歌常常此起彼伏，成为客家人不可缺少的文化生活。20世纪60年代由铜鼓县民间歌手涂雪梅演唱的急板山歌《翻身卖余粮》在江西省首届音乐周上演唱获一等奖，并由中央人民广播电台灌制唱片，经记录整理的《卖余粮》又收入《中国音乐词典》，作为山歌词条的唯一例曲。改革开放以后，铜鼓县先后有10多首客家山歌被中央人民广播电台采用，传播海内外。1997年，电视专题片《铜鼓风情》在中央电视台国际频道播出，铜鼓客家山歌作为主题歌随之传到世界各地。由此，铜鼓客家山歌走出了山门，唱出了国门。

10. 万载傩舞

又称跳魈，堪称原始巫文化及原始舞蹈的活化石，是中国民俗文化的一朵奇葩。表演者头扎黑巾，前罩傩面具。面具的颜色分红、绿、黑、白四种；面具的神态各异，有的眉清目秀，有的面目狰狞，有的笑容可掬，有的怒目圆瞪，有的滑稽怪诞，有的雄壮威武，有的龇牙露齿，有的慈眉善目，可谓奇形怪状，不一而足。万载傩舞一般由24人表演，表演者手执各式古朴的兵器，在简洁明快、粗犷有力的打击乐中，亮出原始拙朴的唱腔。同时，舞者一边晃荡摇摆，一边配以各种动作，间或发出富有节律的呼唤，其潜在意义，便是驱鬼逐邪，祈求平安。傩舞多在地上表演，有的则在同伴扛着的杠上翻滚腾挪，形式生动活泼、不拘一格。

万载傩舞先后获得“江西傩文化展金奖”、国家“民间艺术优秀表演奖”和“中外傩文化艺术银奖”等。万载傩舞在国内外具有广泛的影响力，表演剧照曾在美国纽约、洛杉矶等地展出。国际傩学研究专家、日本东京大学教授田仲一成先生对万载傩舞给予了很高的评价，并将万载傩舞编入其专著《中国巫系演剧研究》。

二 主要文化娱乐场所

宜春的文化娱乐场所既有欣赏高雅艺术的文化艺术中心，又有休闲放松的酒吧、歌厅，可谓雅俗共享、竞相争妍。

1. 宜春文化艺术中心

宜春文化艺术中心是一个集会议、展览、文艺演出、电影放映、休闲娱乐等多种功能为一体的综合性场所。坐落于宜阳新区核心区内，南临宜阳大厦。有多功能剧场1个、大小会议室17个、展厅2个、专业电影放映厅4个，另有其他配套管理用房和商业服务功能用房。整座建筑成圆形，三层框架结构，直径为126米，建筑高度达33.9米，总建筑面积为3.2万平方米，外形依据宜春明月山独有的国家一级重点保护植物华木莲成圆形设计而成，造型新颖别致，俯瞰就像一朵盛开的华木莲。

2. 宜春市保利大剧院 >>>

该剧院位于宜春文化艺术中心南大门，是北京保利剧院管理有限公司在宜春市所设子公司，拥有总面积达1000多平方米的舞台。剧院大气典雅，富丽堂皇。目前已相继演出了爱尔兰《大河之舞》、俄罗斯《天鹅湖》、乌克兰精品舞、杨丽萍的舞剧《孔雀》、刘晓庆主演的话剧《风华绝代》和李玉刚的《新镜花水月》演唱会等重量级的文艺演出。

3. 宜春博物馆 >>>

该博物馆位于宜春行政中心东侧“文化之窗”正南面。占地面积为2112平方米，建筑面积为1.14万平方米，现有序厅1个、基本陈列展厅7个、临时展厅2个，主要展示内容分为历史文明、近现代史迹、禅宗文化、民俗文化和自然生态5个部分。

服务时间：周二至周日9：00—16：30（16:00停止入馆），周一闭馆（法定节假日除外）。

4. 宜春规划展示馆 >>>

位于宜春行政中心东侧“文化之窗”西面，展馆总面积达6100平方米，分为序厅、历史沿革展厅、总体规划展厅、产业规划展厅、重点区域规划展厅、3D影院、专项规划展厅、县市规划展厅、未来宜春展厅、规划公示临展厅10个部分。展馆通过运用大型沙盘模型、数字沙盘、3D投影、LED等多媒体声光电高科技展示手段，充分展现了宜春城市建设的过去、今天和未来，成为集宜春市情展示、规划科普教育、地方特色旅游、城建项目查询等多功能于一体的城市窗口。

5. 宜春图书馆 >>>

该图书馆位于宜春市政府大楼东侧“文化之窗”的东面，总建筑面积为12000平方米，藏书15万余册，分为地上四层、地下一层。除了有传统的阅览室、借阅室、自修大厅等，还增设了少儿活动室、视听室、文化交流室、报告厅、展厅等众多服务功能区。

开馆时间：周二至周日9:00—17:00，周一闭馆。

6. 宜春中影数字国际影城 >>>

该影城位于市文化艺术中心北厅，是宜春市首家国内顶尖豪华多厅国际影城，与全国各大影城同步上映全球最新影片。影厅内部环境舒适温馨，全部为宽大舒适的沙发座椅，行距坐距超宽，整体风格彰显强烈的时代气息和超前意识。观众在体验过程中可以真实感受到影片中的各种物件扑面而来，仿佛置身于影片的环境中，感受高科技带来的新奇体验。

营业时间：12:00—24:00。

附 录

附表1：

宜春市交通设施一览表

序号	名称	电话（区号0795）	地址
1	明月山机场	3600114	袁州区湖田乡
2	宜春火车站	7046322	环城南路
3	铁旅宜春公司火车售票处	7046470	平安路623号
4	秀江代售点火车售票处	7046097	秀江中路55号
5	宜春汽车客运总站	3272159	明月北路69号
6	宜春市汽车西站	3216164	平安路10号
7	樟树市火车站	7036282	樟树市鹿江北路
8	樟树市汽车总站	7349608	樟树市火车站路口
9	京九汽车站	7116789	樟树市药都北大道，交警大队对面
10	宜丰长途汽车站	2786062	宜丰县城渊明南大道
11	丰城市火车站	7064112	丰城市站前路1号
12	丰城市汽车东站	6602336	丰城市剑邑大道
13	丰城市汽车总站	6602336	丰城市紫云北大道
14	铜鼓汽车站	8722916	铜鼓县永宁镇
15	万载客运站	8904329	万载县名优特大市场旁边
16	上高长途汽车站	2529553	上高县敖山大道10号
17	高安长途汽车站	5250453	高安市筠阳镇高安大道42号
18	奉新长途汽车站	4622658	奉新县中大道14号
19	靖安长途汽车站	4666533	靖安县后港东路

附表2：

宜春市旅行社一览表

序号	名称	电话（区号0795）	地址
1	宜春华夏国际旅行社有限责任公司	3262740、13036264676	秀江中路148号
2	宜春旅游集团神州国际旅行社有限公司	3270991、13870598698	袁山东路63-65号
3	宜春市阳光假期旅行社有限公司	3289908、13879501566	中山中路370号（秀江宾馆一楼）
4	宜春新教育国际旅行社有限公司	3589880、18807959555	文体路220号
5	宜春市假日国际旅行社有限责任公司	3282525、13907955189	青龙大酒店A楼商务中心
6	宜春市温泉旅行社有限责任公司	3283688、13807959276	宜春博能宾馆一楼和火车站出口
7	宜春市现代旅行社有限责任公司	3998595、18907954460	袁山中路210号
8	宜春明月山旅行社	2181163、15179511649	袁山中路489号
9	宜春春秋旅行社有限公司	3281307、13807959172	袁州商城北栋二楼A-17号
10	宜春天和国际旅行社有限公司	13006264810	高士北路博能宾馆A1店
11	宜春光大国际旅行社有限公司	18907955199	高士路25号
12	宜春市佳信旅行社有限公司	18079510695	泸州北路58号
13	宜春康辉国际旅行社有限公司	3570986、13507058679	袁山中路731号
14	宜春飞扬国际旅行社有限责任公司	3211002、13979538267	秀江中路2号

续表

序号	名称	电话（区号0795）	地址
15	宜春花果山福地国际旅行社有限公司	3278081、15907950218	明月南路68号
16	宜春中信国际旅行社有限公司	322881、13907959512	高士北路619号
17	宜春市禅之旅旅行社有限责任公司	3259623	宜阳新区枣树园A6栋232室
18	宜春市亲和力旅游国际旅行社有限公司	3207136	文体西路天利中央6号
19	中国旅行社总社宜春有限公司	18970559195	宜春南路23号
20	宜春市高尔夫国际旅行社有限公司	13607959769	银泰广场7栋303室
21	宜春秀水源旅行社有限责任公司	3231835、18707959779	宜春南路98号
22	宜春市畅游旅行社有限责任公司	13979578725	温汤消防培训中心前面
23	宜春市月亮之都旅行社有限公司	3518158、13979537200	温汤镇温泉路89号
24	铜鼓县天柱峰旅行社	8726888	铜鼓县定江东路762号
25	铜鼓县温泉旅行社有限公司	8683888	铜鼓县西湖广场美食街121号
26	上高县环球国际旅行社	2506533	上高县敖山大道28号
27	上高县星光旅行社	2506208	上高县建设中路6号
28	上高县春秋旅行社	2488880	上高县和平路1号
29	宜丰县教育旅行社	2751789	宜丰县白泽湖路14号
30	宜春南方旅行社	2753826	宜丰县解放路90号
31	宜丰县山水旅行社有限公司	2788266	宜丰县新昌镇盐步北路20号

续表

序号	名称	电话（区号0795）	地址
32	万载县百合花旅行社有限责任公司	8828790	万载县康乐街道康乐大道379号1栋429号
33	江西省万载县南方旅行社有限公司	8820318	宝塔路331号
34	万载县金旅旅行社有限责任公司	7100139	沿河西路水泵厂楼下
35	万载县开心旅行社有限公司	8903388、13507959535	万载县将军西大道652号
36	奉新县百丈旅行社	4610778	奉新县
37	奉新应星旅行社	4628177	奉新县建设南路286号
38	奉新银河旅行社	4621977	奉新县奉新大道461号
39	江西省靖安县宏安旅行社有限公司	4658055	靖安县清华大道41号
40	靖安县三爪仑青年旅行社有限公司	4662778	后港西路24号
41	江西宝峰旅行社有限公司	4658188	靖安县城后港东路3号
42	靖安县春秋旅行社有限责任公司	4653366	靖安县新大街9号
43	丰城市阳光旅行社有限责任公司	6601919	丰城市老城区丰城天下
44	丰城市佳乐旅行社有限责任公司	6412345	丰城市解放南路188号
45	丰城市金穗旅行社有限责任公司	6410198	丰城市老城区务前巷口
46	丰城市环球旅行社有限责任公司	6400866	丰城市金马步行街A2号
47	丰城市春秋旅行社有限责任公司	6417666	丰城市叶家井8号
48	樟树市药都国际旅行社有限公司	7111818	樟树市府桥路38号
49	樟树市康辉旅行社有限公司	7330200	樟树市府桥路14号

续表

序号	名称	电话（区号0795）	地址
50	樟树市光大旅行社有限公司	7353826	樟树市五洲花园5幢34号
51	樟树市春之旅旅游有限责任公司	7352299	樟树市药都路23号
52	樟树市百信国际旅行社有限公司	7356000	樟树市淦阳路7号
53	高安市红太阳旅行社	5291376	高安市乡镇企业局旁
54	高安市阳光旅行社	5228188	高安市解放路18号
55	高安市假日旅行社有限责任公司	5219315	高安市赤土板路77号
56	高安市信天游旅行社有限公司	5251518	高安市
57	高安市观光国际旅行社有限责任公司	5283588	高安市瑞州中路85号
58	高安市环宇国际旅行社有限责任公司	13910523828	高安市赤土板路
59	高安神州国际旅行社有限责任公司	13979579133	高安市赤土板路中段

附表3：

宜春市特色餐饮一览表

名 称	地 址	电 话（区号0795）	特 色
泊翠音乐餐厅	鼓楼路72-378号	3226777	川菜、粤菜、经典音乐、时尚酒吧
22度C 火锅料理	鼓楼路276号	3228777	在西餐的环境中涮火锅
萍水相逢袁州食府	环城西路368号	3563999、3563555	养生功夫汤、活海参、金牌碳烧牛肋排

续表

名 称	地 址	电 话（区号0795）	特 色
黄记粥坊	朝阳路52号	2196088	湘式、粤式、热炒、潮州砂锅粥
新源大酒店	万载县320国道与湘赣大道交会处	8818999	烧鹅、川味白切鸡、万载翻鸭
葡萄园农庄	万载县马步乡洞口村	8975638	清炖土鸡、翻鸭、农家腊肠、泉水煮活鱼
香农生态农庄	万载县马步乡布城村	13576560578	霸王鸭、口味蛇、水煮活鱼、蹦跳农家鸡
罗山生态农庄	万载县马步乡罗山新村	13870549719	土鸡、有机蔬菜、农家腊味菜
航天国际酒店	樟树市四特大道中段	7846777	赣菜、精品粤菜
开心饭庄	樟树市药都公园旁	7332111	新鲜驴肉、香辣鹌鹑
食为天	樟树市药都路1号药都宾馆二楼	7332111	赣菜
梦湖山庄	樟树市梦湖景区店下镇花园村委处	7871888	农家菜
芦岭农家乐	樟树市店下镇芦岭村委南岸村	13979564938	绿色果蔬、家养畜禽、野菜、大碗野山茶、自酿米酒、野猕猴桃酒、农家小吃
三层楼	樟树市阁山镇黄家巷村	7581032	蕨菜、山笋、绿色蔬菜、瓜果等特色菜肴
粥公馆	樟树市药都公园附近	2080818	各种粥类及小吃
传统清汤店	樟树市药都路药都宾馆附近	7032216	传统清汤、水饺、炒粉、炒面等小吃

续表

名 称	地 址	电 话（区号0795）	特 色
如意风味小吃	樟树市共和西路圆盘处	7342442	米面、冷菜、油炸类、粥类小吃
诚信大酒店	樟树市京九商贸城汽车站出口旁	7031858、2082999	清蒸土鸡、全牛汤、鲜活河鱼、各种野菜等
药都全牛馆	樟树市仁和路易佳客栈旁	2081799、18720028533	全牛
香田人家	靖安县香田乡鸭婆潭路边	13755869877	土鸡药膳汤煲、啤酒鸭、红烧甲鱼煲、农家烧勾鱼等
地中海主题餐厅	靖安县雷公尖乡靖宝公路边，武警中队对面	13979547357	吃牛排、吃比萨、烤火鸡、过圣诞等
食家庄	香田工业园	4666299	农家红烧肉，稻香鸭，各色卤菜
桃源山庄	宜丰县东郊漆家山	2789388	当地饮食文化、名点、土菜和特色菜
红旗渔家	宜丰县知青中路	2026788	农家土菜、土鸡
食博汇	丰城新城区人和阳光城	6298999	养生功夫汤、川菜、粤菜、赣菜
味道发现	丰城市西路街	7073777	川菜、赣菜
聚丰楼	丰城市解放南路21号	6417177	养生功夫汤、粤菜、川菜、赣菜
农村粮	丰城市赖家新村137号	6216777	乡村土菜
河州人家	丰城市剑邑大道	6216688	乡村土菜
潮粥城	丰城市杨柳湖	6295799	海鲜砂锅粥

续表

名 称	地 址	电 话（区号0795）	特 色
牛牛春天大酒店	丰城市人和美食街	6267777	全牛宴、川菜、赣菜
新昌酒楼	丰城市剑邑大道68号	7070923	全牛宴、赣菜
老村部食堂	丰城市煤运汽车站旁	7072777	赣菜、乡村土菜
0795菜肴故事	丰城市新城机关小区	6417979	川菜、赣菜
百果园和谐农庄	铜鼓县温泉镇	13607050085	铜鼓客家菜肴
茶油王酒店	奉新县北浦路84号	15579099879	湖南特色菜系
鑫海苑大酒店	奉新县龙山大道119号	13870565923	主营鱼类
森粥坊	奉新县北浦路21号	13576177933	粥食及特色小主为主
萍乡土菜馆	奉新县龙山大道87号	13707955706	萍乡特色菜
食全酒美酒店	奉新县龙山大道225号	13907953841	奉新本地特色菜系
果园山庄	县城奉沿线3公里处	13707956861	农家饭、采摘、娱乐、垂钓、生态农业观光
水葆生态园山庄	县城奉沿线5公里处	4589388	以环保、绿色、有机、健康为主题的旅游度假场所
华林集贤山庄	县城奉沿线7公里处	13970511388	餐饮、娱乐、休闲

附表4：

宜春市星级饭店通讯录

名称	星级	地址	电话（区号0795）
锦绣山庄	四星	化成岩	3558888
德和大酒店	四星	朝阳路36号	3299999
博能宾馆	四星	宜阳大道19号	3251111
阳光大酒店	三星	袁山大道中103号	3279000
青龙大酒店	三星	东风大道248号	3912655
永生现代连锁宾馆宜春店	三星	朝阳路189号	3278888
盛和源酒店	三星	环城西路368号	3551588
秀江宾馆	三星	中山中路370号	3918118
温汤山水疗养院	三星	温汤镇	3518012
江西省宜春财政干部培训中心	二星	温汤镇温泉大道	3518208
人民大酒店	二星	东风路33号	3278688
洪洲大酒店	四星	丰城市新城区紫云大道20号	6666777
昌龙国际大酒店	四星	丰城市人民路237号	6666888
今日商务酒店	三星	丰城市新区广电大楼	7072888
莱特国际大酒店	三星	丰城市新区行政中心	6608055
白金汇大酒店	三星	丰城市剑邑大道106号	7152888
丰城大酒店	三星	丰城市剑邑大道164号	6217577
永生现代连锁宾馆丰城店	三星	丰城市东方红大街184号	6156666

续表

名称	星级	地址	电话（区号0795）
航天国际大酒店	四星	樟树市四特大道中段	7846888
药都宾馆	三星	樟树市药都路1号	7032666
药政商务宾馆	二星	樟树市药都路3号	7352486
瑞雪宾馆	三星	高安市高安大道456号	5281888
新高安宾馆	三星	高安市碧落路15号	7061666
假日大酒店	三星	高安市高安大道22号	5220834
花旗大酒店	三星	高安市高安大道633号	5788888
绿博生态酒店	三星	高安市高安大道西门圆盘	7065799
上游宾馆	三星	高安市桥北路107号	5298887
皇庭国家大酒店	四星	铜鼓县城南西路	7178888
青松宾馆	三星	铜鼓县城南东路 188 号	8686368
铜鼓宾馆	二星	铜鼓县定江路	8726310
浙商大酒店	三星	上高县建设北路	2500008
悦华商务酒店	三星	上高县建设南路28号	2515969
名典商旅酒店	三星	上高县城广场	2527888
新国际大酒店	三星	上高县朝阳北路6号	2525111
上高宾馆	二星	上高县沿江路158号	2511886
九岭森林温泉度假村（原江钨度假村）	四星	靖安县清华大道41号	7191111
金罗湾度假村	二星	靖安高湖镇金罗湾地下电厂	4766060
粮贸宾馆	三星	宜丰县新昌中大道2号	2750000
桃花源大酒店	三星	宜丰县城站前路8号	2759999
朝日大酒店	四星	奉新县建设南路368号	4628888
滨江花园酒店	三星	奉新县	
汇丰澳斯特酒店	三星	万载县塔车路	8858888

附表5：

宜春市名优特产一览表

序号	名称		地址	电话（区号0795）
1	江西青龙集团商厦有限公司	总 店	东风路283号	3912407
2		体育中心店	袁山东路325号	3282466
3		双桥店	秀江西路18号	3213517
4	步步高广场宜春店		中山中路	2186111
5	国光百货		中山西路6号	3217551
6	青山寨宜春四件宝土特产店	一 店	鼓楼路步行街西头333–339号	3223332
7		二 店	明月北路569号	3635288
8	“井竹”苎麻产品专卖店		朝阳中路城投大厦	2190860
9	明月山新世纪华联超市		温汤镇明月广场	15851633158
10	明月山旅游服务有限公司		温汤镇温泉大道	15879548699
11	三都虫草燕窝参茸行		樟树市中药材市场城	7376098
12	洪客隆丰城店		丰城市解放南路60号	7078000
13	三爪仑红英土特产经营部		靖安县新大街10号	4658698
14	冯客隆购物广场		奉新县迎宾大道	4611638
15	凤仪超市		高安市长途汽车站旁	5381566
16	富龙特产专卖店		上高县兰家大道	2507085
17	名鼎土特产经销部		宜丰县西昌西大道47号	13970551879
18	赣西北铜鼓土特产店		铜鼓县定江东路588号	13970587554
19	特产专卖店		万载县安监局旁	8820012

附表6：

宜春市旅游休闲场所一览表

名称	地址	电话（区号0795）	特色
泰一茶行	鼓楼路327号	3293399、3265566	铁观音、人参乌龙、普洱茶等
洗尘休闲会所	高士北路696号	3581999	休闲娱乐
仰山茶庄	秀江路48号	3578999	品茶
空中补给量贩式KTV	鼓楼路口2楼	3238777	KTV
德和会	泸州北路669号	3688111、3688018	休闲娱乐
迪欧咖啡宜春朝阳店	朝阳路68号	3913139	休闲娱乐
万载天御足道	万载县东大路	8818168	修脚、按摩、帝王热敷
东方明珠视听歌城	万载县康乐大道	8489866	风格典雅，聚会，商务场所
金皇朝足疗会所	万载县康乐大道东6栋	15570367977	养生休闲会所
迪欧咖啡	樟树市药都公园附近	7310888	咖啡、水果、饮料等
兴顺足疗	樟树市中兴超市兴顺足疗会所	7031669	足疗
君鼎一号公馆	宜丰县锦江大酒店	7131333	KTV
愉悦坊	宜丰县新昌西大道二小对面	2763118	KTV
茗香楼	宜丰县新交警队傍	2751028	KTV 、喝茶
神功捏脚城	丰城市新城区国贸广场三楼	6207921	中药足疗

续表

名称	地址	电话（区号0795）	特色
花木兰足疗会所	丰城市河州街道柳湖花园	6200600	中药足疗
健康会所	丰城市剑邑大道105号	6292111	中药足疗
8号公馆	丰城市人民路沃尔玛四楼	7077888	KTV
山水俱乐部	丰城市东方红大街	6429198	KTV
环球国际俱乐部	丰城市西路街口	6809999	KTV
龙湾公馆	丰城市紫云大道526号	6606669	浴足、泡澡
豪门娱乐会所	靖安县后港路46号靖安宾馆二部	4660066	KTV
金海岸音乐会所	靖安县清华大道27号	4660808	KTV
靖安清峰阁古玩字画收藏店	靖安县沿河西路10号	4651733	古玩收藏
春韵茶楼	铜鼓县邮政大楼旁	18679516640	铜鼓春韵茶、白茶、铁观音等
杨家将养生保健中心	奉新县龙山北大道237号	13870509094	足浴、按摩、拔罐、健身
悠然自得茶楼	奉新县回栏路254号	13870564555	品茶、会友、休憩

附表7：

宜春市文化娱乐场所一览表

名称	地址	电话（区号0795）
保利大剧院管理有限公司	文化艺术中心南门	3198008
唐人轩国际影城朝阳德和店	袁州区朝阳路德和大酒店	3571999、3572999
潇湘中山国际影城	中山中路步步高广场六楼	7192222
17.5影城青龙店	中山中路青龙商厦五楼	3265599
中影数字国际影城	文化艺术中心北门	3210799
雅动桌球会	鼓楼路袁州谯楼旁	3284444
万嘉国际影城	万载县阳乐大道356号（原阳乐电影院）	8855999、8859999
金字塔上高影城	上高县建设中路24号金字塔影城	2519589
药都电影院	樟树市共和东路	7332876
盛世兄弟电影院	樟树市锦绣共和步行街	7776622
花样年华KTV	樟树市锦绣共和商业街	7366833
群英台球	樟树市药都路药都宾馆附近	7375191
17.5影城恒丰店	丰城市建设路133号恒丰时代广场	6706310、6706308
县文化中心	宜丰县新昌西大道221号	2765870
县体育馆	宜丰县新昌中大道74号	2765570
金字塔影城	上高县建设中路24号	2519589

后 记

旅游业是永不衰败的朝阳产业，随着人们生活水平的改善和消费观念的更新，旅游已成为人们生活和娱乐不可或缺的重要组成部分。人们旅游，除了视觉上的愉悦和享受外，还非常关注景区的历史文化，追求更深、更高层次的享受，最大限度地达到精神上的愉悦和心灵上的感悟。因此，对于旅游目的地来说，大力挖掘、宣传景区景点的景观和历史文化，是提升景区景点品味和知名度的有力手段。

宜春历史悠久，人文鼎盛，物华天宝，人杰地灵，旅游资源十分丰富。进入新世纪以来，宜春的旅游得到了长足的发展，城市的知名度和美誉度日益飙升。因此，抓住机遇，加大力度进行宣传，让宜春走向世界、让世界了解宜春显得十分必要。

在接到省旅游协会组织编写“游遍江西旅游系列丛书”的通知和任务后，我们各县市区旅游局和明月山管委会的领导及相关工作人员，多次深入现场调研，大量查阅有关资料，有的还组织专题座谈会，为本书的组稿做了大量有益的工作。可以这样说，如果没有他们的辛勤劳动，就不会有今日的《游遍江西之宜春卷——月亮之都》。

为了使本书尽可能地少出纰漏，我局遴选了几位既对宜春旅游有所了解，又具较好文字功底的同志参与组稿和审稿。出于高度的工作责任感，这些同志对于各地送来的稿件，有的反复润色，有的大幅增删，有的则另起炉灶。正是由于他们的不懈付出，才使本书具有一定的可读性。

经过各方经年的努力，本书终于与读者见面了。由于后期时间仓促，所以表意遗漏和行文粗疏之处在所难免，我们期盼有识之士能竭诚赐教，以便我们能以比较理想的质量回馈读者的厚爱。

宜春市旅游局局长　雷恩奇

图书在版编目（CIP）数据

游遍江西. 宜春卷 : 月亮之都 / 王晓峰主编. —南昌 : 江西人民出版社, 2015.1
（游遍江西旅游系列丛书）
ISBN 978-7-210-06498-5

Ⅰ. ①游…　Ⅱ. ①王…　Ⅲ. ①旅游指南—江西省　②旅游指南—宜春市　Ⅳ. ①K928.956

中国版本图书馆CIP数据核字（2014）第137434号

游遍江西之宜春卷——月亮之都
王晓峰　主编
责任编辑：王一木　杨帆
书籍设计：同异文化传媒
出版：江西人民出版社
发行：各地新华书店
地址：江西省南昌市东湖区三经路47号附1号
编辑部电话：0791-88612505
发行部电话：0791-86898815
邮编：330006
网址：www.jxpph.com
E-mail：jxpphwym@sina.com web@jxpph.com
2015年1月第1版　2015年1月第1次印刷
开本：880毫米 × 1230毫米　1/32
印张：6
字数：100千
ISBN 978-7-210-06498-5
赣版权登字—01—2014—430

定价：29.80元
承印厂：南昌市红星印刷有限公司